눈길 머문 곳

눈길 머문 곳

초판 발행 | 2015 년 7월 10일

지은이 | 배해주
펴낸이 | 신중현
펴낸곳 | 도서출판 학이사
　　　　　출판등록 : 제25100-2005-28호
　　　　　주소 : 대구광역시 달서구 문화회관11안길 22-1(장동)
　　　　　전화 : (053) 554~3431,3432
　　　　　팩스 : (053) 554~3433
　　　　　홈페이지 : http : // www.학이사.kr
　　　　　이메일 : hes3431@naver.com

ISBN _ 979-11-5854-000-5　　03070

눈길 머문 곳

배해주 지음

學而思 | 학이사

지난 시간을 더듬어 본다는 것은 행복이다. 시간의 단위 개념으로 과거와 현재, 미래가 있다. 그중에 과거와 미래는 분명하게 존재한다. 하지만 현재란 의미의 시간은 찰나이고 구분상의 존재일 뿐이다. 실제로 존재하는 과거를 되감아 본다는 것은 지금이 작지만 여유롭다는 징표라 하겠다.

지난날 언론에 기고했던 칼럼을 찾아 모았다. 언제인지 모르지만 읽었던 글 한 줄이 생각나서 수십 권의 책을 뒤져 찾았을 때 그 짜릿한 쾌감을 나는 안다. 지금이 그렇다. 옛 글을 다시 읽으니 감회가 새롭다. 언젠가 한 번 만나보고 싶었던 옛 애인을 끈질긴 수소문 끝에 찾아낸 것 같은 기분이 아마 이런 것이 아닐까?

글 속에는 행복해야만 했던 순간을 담았다. 그것은 늘 불평만 늘어놓는 삶의 그늘에 작은 햇빛을 볼 수 있었던 시간이었다. 그리고 직장인의 눈에 비친 세상의 풍경도 적었다. 직업인의 눈이 때로는 평범한 사람들이 볼 수 없는 삶의 모퉁이를 볼 수 있었기 때문이다. 글을 모으면서 디지털 시대에 직직거리는 아날로그 영화를 보며 감회에 젖는 것 같은 작은 희열을 느껴본다.

몇 권의 책을 출간하면서 독자에게 부담을 주지 않는 것이 어떤 것인가를 생각한 적이 있다. 틈새 시간에 필자의 생각과 마음에 독자들이 잠시 쉬어 갈 수 있었으면 하는 작은 바람을 가져 본다. 끝으로 출간에 노력을 기울여준 출판사 관계자에 고마운 마음을 전한다.

2015년 7월
靑山 배 해 주

차례

1부 /
행복한 생각

2부 /
더불어 사는 길

3부 /
소리없는 아우성

4부 /
그랬으면 좋겠다

5부 /
눈길 머문 곳

1부

행복한 생각

3등 행복

행복은 어디쯤 있을까? 익어가는 가을 속에 묻혀 휴일이면 배낭을 메고 가까운 산을 찾아 새로운 삶의 활력소를 찾는 사람들이 있다. 그 속에 웃음 띤 얼굴을 보노라면 행복은 거창하고 큰 것이 아닌 하잘 것 없는 작은 것에도 숨어 있음을 알 수 있다.

멕시코 서부의 작은 어촌 마을에 고기를 잘 잡는 어부가 있었다. 이 어부는 자기 능력으로 고기를 잡으면 얼마든지 많이 잡을 수 있으나 조금만 잡고는 더 잡지 않는 그런 사람이었다. 마침 이곳을 지나던 미국 하버드대 경영

학과를 졸업한 경제 전문가가 이 사실을 알고 어부에게 '당신은 노력하면 큰 배를 소유할 수 있고, 조금만 더 열심히 하면 작은 선단을 거느린 사장이 될 능력이 있다. 거기서 조금 더 노력하면 바다의 갑부가 될 수 있는데 왜 그렇게 고기를 조금만 잡고 노느냐'고 물었다. 어부는 경제 전문가에게 '그렇게 갑부가 될 수 있으려면 얼마의 시간이 필요합니까?'라고 되물었다. 이에 경제 전문가는 당신의 능력이라면 대략 20년쯤 지나면 충분할 것이라고 말하자, 어부는 '그럼 갑부가 된 20년 후에는 무엇을 합니까?'라고 다시 물었다. 그러자 전문가는 그때에는 당신이 하고 싶은 것 마음대로 하면 되지 않겠느냐고 대답했다. 이에 어부는 웃으면서 '나는 그 20년 후의 일을 지금 하고 있습니다. 지금 나는 식구가 먹고 살기에는 부족함이 없습니다. 그리고 남은 시간에는 아이들과 놀기도 하고 아내의 일을 도와주기도 하죠. 또한 저녁이면 친구들과 좋아하는 맥주 한잔으로 즐겁게 지내고 있습니다.'라고 대답했다는 이야기이다.

우리 대부분의 사람들은 행복해도 좋을 만큼의 행복의 언저리에 와 있다. 다만 그 행복을 느끼지 못하고 있을 뿐이다. 100m 달리기에서 1등과 2등의 차이는 아주 작아서 2등은 은메달을 따고서도 1등이 되지 못함을 아쉬워한다. 3등과 4등과의 차이도 근소하다. 4등이면 메달을 딸 수 없었는데 다행히 3등으로 동메달을 딸 수 있었다. 2등보다 더 행복해 하는 3등의 모습을 우리는 볼 수 있다. 기회는 항상 가면을 쓰고 우리 곁에 숨어있다. 기회가 위기이기도 하고, 위기가 기회이기도 하다. 세상의 큰 일들, 그리고 내 주변의 작은 일들 또한 그렇다. 행복과 불행은 떨어지지 않고 연리지連理枝처럼 붙어 공생하고 있음을 알 수 있다. 그러나 우리는 손만 내밀면 잡히는 감춰진 행복을 더 그리워하고, 내 앞에 우뚝 서 있는 불행을 보는 시선에 길들여져 있다.

통계에 의하면 우리나라 국민 70%가 스스로 중산층이라고 생각한다. 다시 말해 삶의 기초인 의식주 해결은 물론이고, 나름의 여유가 있다는 이야기이다. 뒤집어 보면 많은 국민들은 지금보다 한 단계 높은 삶에 대한 기대치에 매달려 힘겨워할 뿐이지, 스스로 행복해 하여도 좋을 만큼의 위치에 있다는 것이다. 즉 1, 2등이 되지 못한 것에 대한 불만이지 결코 목에 메달을 걸지 못하는 저 아래 위치가 아닌 것이다. 3등쯤으로 늘 행복해 할 수 있는 거기에 와 있는 것이다. 옛말에 친구를 사귈 때는 나보다 한 단계 높게 맞추고, 평생 같이할 반려자伴侶者는 나보다 한 단계 낮추면 세상사가 편안하다는 이야기가 있다. 우리네 삶 또한 한 계단 아래를 보면 늘 복에 겨워하며 살 수 있는 것이 아닐까?

세상사 모두가 원하는 한 단계를 오르면 또 다음 단계에 오르지 못함에 아쉬워하며 살 수 밖에 없는 것이다. 3등으로서 행복해 한다면 그것은 스스로의 행복이고, 모두의 행복이기도 할 것이다. 지금 우리는 3류가 아닌 3등으로 행복해 할 수 있는 거기에 서 있는 것이다.

가을과 오미인

가을이다. 가을은 거둠이 있어 물질적으로 풍요롭다.
덩달아 마음도 푸근해지는 그런 계절이다. 세상이 넉넉
해지면 사람들은 맛을 찾는다. 그 맛 하면 빼놓을 수 없는
것이 있다. 오미五味 즉, 다섯 가지 맛이다.

중국 고사에 오미영인구상五味令人口爽이란 말이 있다.
'다섯 가지 맛이 입맛을 버린다'는 뜻인데 시고 쓰고 맵
고 짜고 달다는 다섯 가지 맛이다. 음식에 비하면 식초,
술, 생강, 소금, 꿀이 그것이다. 제나라 환공은 천하에 미
식가였는데 '오미五味가 입맛을 버렸다'라고 자주 말했다.

그러면서 '나는 맛이란 맛은 모두 보았는데 아직까지 인육人肉을 먹어 보지 못했다'라고 하자, 신하이자 천하의 요리사였던 역아易牙는 그 말을 듣고는 자신의 아들을 죽여 요리를 한 후 환공에게 바쳤다. 그러자 무서운 재앙이 닥쳤다. 이런 사실을 알고 있는 환공의 둘도 없는 친구 관중管仲이 환공에게 역아를 멀리하라고 하였으나 그 말이 귀에 들어오지 않았다. 그 후 관중이 죽자 환공은 역아의 관직을 빼앗고 추방했다. 그러나 세월이 흘러 오미五味에 맛들여진 환공은 견딜 수 없어 다시 역아를 불러 오미五味를 즐겼다. 역아는 거기에 만족하지 않고 반란을 일으켜 환공을 가두고 음식을 주지 않았다. 그러자 환공은 목을 메어 자살했다는 이야기이다.

우리 입맛에는 다섯 가지 맛이 소중하다. 하지만 거기에 빠지면 헤어나지 못한다는 교훈이 담겨있다. 그런 다섯 가지 맛을 가진 열매가 요즘 우리 곁에서 사랑을 받고 있다. 시절이 오미자五味子의 수확기이다. 옛날에는 그리 환영받지 못한 열매였다. 그러나 최근에는 웰빙에다 건강식품이 인기를 누리자 오미자를 찾는 사람들이 부쩍 많아졌다는 소문이다. 여러 지역 중에 문경이 오미자를 제일 많이 생산하는 곳인데 1년에 3천 톤으로 전국 생산량의 45%를 차지하는 양이라고 한다. 그래서 문경에서는 해마다 오미자 축제가 열린다. 올해가 여섯 번째로 갈수록 찾는 사람이 많아지고 있다고 하니, 그 오미五味가 대단한 모양이다.

세상사도 오미五味와 비교되는 그런 일들이 있다. 어떤 사람이 없으면 일이 안되는 그런 경우이다. 하지만 환공이 그 오미 때문에 만사를 그르쳤듯이 그 사람으로 인해 일을 망치는 경우 또한 있다. 하지만 그 사람을 탓해선 안 된다. 오미五味가 입맛을 버리게 하지만 또한 그 오미가 살맛나는 세상을 만드는데 없어서는 안 될 필수 조건이기 때문이다.

이 가을 오미의 계절에 다섯 가지 맛이 나는 오미인五美人을 만나고 싶다. 즉, 부드럽고, 친절하고, 부지런하고,

자상하고, 성실한 그런 맛을 가진 사람이다. 가을 입맛에 오미五味가 있듯이 우리네 인간사에도 오미인이 있다. 맛에는 오미, 인간에게는 오미인이 이 가을을 넉넉하고 맛깔나게 해줄 것이라 기대해 본다.

황금이 소나기처럼 쏟아져도 사람의 욕망은 다 채워지지 않듯이 아무리 맛있는 오미五味라도 우리 모두를 행복하게 할 수는 없다. 그러나 오미인은 세상을 행복하게 하는데 부족함이 없으리라는 작은 믿음을 이 가을에 확인해 보고 싶다.

내일은 희망이다

  태풍 '곤파스'가 한반도 허리를 관통하자 그 피해가 엄청나다. 이번 곤파스는 비가 아닌 바람으로 그 위력을 보인 것이 특징이었다. 그런데 그 피해의 상처를 가다듬기도 전에 또 다른 손님 '말로'가 '곤파스'의 뒤를 따라 북상을 준비하고 있으니. 다시 한 번 챙겨야 할 곳이 어디인지 확인하고 대비해야 할 때다.

  고행자苦行者 '나라다'가 도를 열심히 닦아 마침내 비슈누신의 은총을 입었다. 나라다는 비슈누신에게 능력을 보여 달라며 졸랐다 비슈누신은 태양이 작열하는 어느 날 들판으로 나라다를 데리고 나갔다. 들판을 가던 중 갈증을 느끼자 비슈누신은 나라다에게 동네에 가서 물을 얻어 오라고 심부름을 시킨다. 나라다가 동네의 어떤 집문을 두드리니 예쁜 아가씨가 문을 열어 주며 반갑게 맞이한다. 그리고 사연을 이야기한 후 물을 얻어 먹고는 아가씨와 인연이 되어 결혼을 하게 된다. 시간이 흘러 세아이를 낳고 농사를 지으며 재미있게 살던 중 장인이 죽고 농장을 물려받아 농장 주인이 되었다. 그러던 어느 날큰 홍수를 만나 가축이 모두 떠내려갔다. 나라다는 아내와 두 자식을 부여잡고 어깨에는 막내를 맨 채 간신히 급류를 헤쳐 가던 중 막내를 그만 강물에 빠뜨리고 말았다. 떠내려가는 막내를 잡으려다 이번에는 아내와 두 아이마저 강물에 휩쓸려 떠내려가고 말았다.

나라다가 처자식을 잃고 슬피 울고 있을 때 귀에 익은 비슈누신의 목소리가 들렸다.

"애야 심부름 시킨 물을 왜 아직 가져 오지 않느냐. 30분도 더 기다렸단다."

나라다가 정신을 차려보니 처자식을 잃어버린 그 곳, 급류가 흐르던 자리에는 뙤약볕이 내리쬐고 들판이 눈앞에 다시 보였다. 종교학자 엘리아데가 쓴《이미지의 상징》에 시간관時間觀을 보여 주는 신화 속의 이야기이다.

　나라다가 홍수에 처자식을 잃고 울고 있듯이 수해로 상처 입은 우리 이웃이 허망한 마음에 두 손 놓고 하늘을 원망하고 있다. 천둥치고 소낙비 오는 태풍 속의 어려운 상황이라고 생각하는 우리들에게 갑자기 비슈누신이 심부름 시킨 지가 언제인데 아직 오지 않느냐며 찾고 있다.

　불가에선 우리네 삶을 마차가 수레를 끌고 지나가는 것을 문구멍으로 보는 것과 같다고 한다. 그리고 옛 사람들은 인생을 일장춘몽이라 했던가? 어렵고 힘든 일은 곧 지나갈 것이다. 그리고 해 뜨고 무지개 피는 아름다운 내일이 코스모스의 가냘픈 흔들림 속에 숨어 기다리고 있다. 삼복염천도 바람같이 지나고 소슬바람이 귓가를 간질이고 있다.

가을이 누가 부르지 않아도 이렇게 찾아오듯이 지금
비슈누신이 꿈속을 헤매지 말고 심부름 시킨 일은 하지
않고 무얼 하느냐며 찾고 있다. 지금 어려움은 꿈속의
일, 바로 내일이 희망이다.

도화원과 샹그릴라

도화원과 샹그릴라는 과연 있을까?

도화원은 이런 곳이다. 중국 진나라에 어떤 어부가 물고기를 잡으러 갔다가 물위에 떠내려 오는 복사꽃을 보았다. 그 꽃이 너무 좋아 꽃을 따라 물을 거슬러 오르다가 우연히 도화원桃花源에 들어가게 되었다. 그 곳은 전쟁을 피해 살던 진나라 어느 씨족의 후손으로 한 마을이 공동체를 이루며 평화롭게 살아가는 마을이었다. 어부가 세상에 돌아온 후 도화원이 생각나서 다시 찾고자 하였으나 찾을 수 없었던 마을로 진나라 진강이 지은 《도화원기》에 실린 상상 속의 마을이다.

샹그릴라는 작가 제임스 힐튼이 지은《잃어버린 지평선》에 나오는 마을이다. 여기 또한 질병이 없고 시기도 없으며 아픔과 고통이 없는 글자 그대로 지상낙원이다. 바로 이 두 개의 마을이 유토피아의 대명사로 회자되는 단어이다.

하루가 멀다하며 쏟아지는 신지식, 신문명 그리고 경쟁 속에 부대끼며 힘겹게 살아가는 것이 우리네 삶이다. 그러기에 잠시 이상향을 꿈꾸는 것이 평범한 소시민의 작은 마음의 여유이고 행복이 아니겠는가? 어찌 그것을 탓하랴.

어느 날 사향노루 한 마리가 바람을 타고 코끝을 스치는 감미로운 향기에 취했다. 어디서 이런 향기가 나는지 그것이 알고 싶었다. 그래서 향기가 나는 곳을 찾아 나섰다. 산등성이에 오르니 강가에서 향기가 나고, 강가에 이르면 산 너머 바람 속에 향기가 났다. 내 오늘은 기어이 이 향기의 원천을 찾으리라 마음먹고 몇 개의 산을 넘고

강을 건너 향기를 찾아 헤매었다. 그러다가 허기와 피로에 지쳐 산비탈 풀 속에 누워 죽음을 맞이해야 했다. 바로 그때 그렇게 찾아 헤매던 향기가 바로 자신의 배꼽 아래 향주머니에서 나오는 것을 알았다. 죽음을 앞두고 그때서야 향기의 근원을 알 수밖에 없었던 무지하고 어리석음을 한탄했으니….

　하루하루 지난 시간을 뒤돌아보지 못하고, 옆도 보지 못한 채 앞만 보고 분주히 살아 갈 수밖에 없는 것이 우리의 현실이다. 그러기에 가끔 이상향의 '도화원桃花源'이나 '샹그릴라'를 동경하게 된다. 이런 작은 여유로움이 삶을 행복하게 해주기도 한다. 향기의 원천을 찾아 헤매던 사향노루가 그 향기의 샘이 멀리 있는 것이 아닌 바로 자신의 몸에서 찾아냈듯이, 스스로 자신의 배꼽 아래 향주머니를 발견할 수 있는 혜안이 있길 소망해 보는 것은 너무 큰 욕심일까? '도화원桃花源'이나 '샹그릴라'는 진정 어디에 있을까? 힘겨워하며 살아가는 내가 서 있는 지금 바로 이곳이 아닐까?

오늘이 행복이다

언제 시작始作되었는지 그리고 언제 끝終인지도 모르는 억겁億劫의 시간 속의 하루는 순간이다.

아침에 눈을 뜨면 한 지붕 아래 가족이 함께 잠들어 있음을 느끼고, 새벽에 아내가 해준 따뜻한 밥 한 숟갈이 행복이다. 출근할 때 아내와 우리 막내(강아지) 동이와 찌아가 엘리베이터 문을 열어 놓고 기다려 준다. '잘 갔다 올게'하며 아내와 엘리베이터 문 앞에서 가볍게 포옹할 때 나는 행복에 빠진다.

아파트를 나서면 경비원 아저씨가 사장도 아닌 나를 보고 '사장님 일찍 출근하십니다'라며 인사해 주고 나도 '밤새 고생하셨습니다'라고 인사할 때가 행복하다. 10년 지난 승용차에 키를 넣어 돌리자마자 시동이 걸리고, 출근길에 앞차가 차선을 바꿀 때마다 차선 변경 신호를 넣어주니 이 어찌 행복하지 않은가?

새벽 출근길에 조금 열어 놓은 창문으로 시원한 바람을 맞을 수 있어 행복하다. 사무실 앞 좁은 주차 공간에 주차할 수 있도록 자리가 비어 있어 행복하다. 밤새 고생한 당직 직원들이 '일찍 오십니다' 나는 '밤새 고생했습니다'라고 서로 인사할 수 있음이 행복이고, 오늘 내가 제일 빨리 출근했기에 그것도 1등이라는 희열을 느낄 때 이것도 행복이다.

아무도 없는 사무실에 문을 활짝 열고 커피 한 잔에 좋아하는 책 몇 줄을 읽을 수 있어서 기분 좋고, 출근하는 직원들이 '일찍 오셨습니다'라는 인사에 '그래 좋은 아침'이라며 인사를 주고 받음이 행복이다. 그리고 야간 상황을 챙겨 아침 보고를 했는데 결재권자가 '고생했어요'라고 할 때 왠지 더 행복한 하루가 될 거라는 기대감이 넘쳐 난다.

신문에 칼럼 하나를 실었는데 잘 썼다는 전화 한 통을 받으니 기분 좋고, 업무 중 직원이 받은 전화 목소리가 친절하고 정감이 넘치는 것을 보는 것만으로도 행복하다. 점심시간이 되기 전 구내식당 메뉴를 확인하니 내가 좋아하는 것들로 짜여있어 즐겁다. 점심 후에는 길들여진 1회용 커피로 작은 여유를 즐기며, 직원들과 주말 농장 얘기에다 풋풋한 다음 주를 설레임으로 얘기할 때 나는 행복에 젖는다.

인터넷에 글 한 쪽을 올렸는데 많은 사람이 봐 주고 댓글로 흔적을 남겨 주니 그것이 행복이다. 퇴근 시간 전 누군가로부터 소주 한 잔 하자는 얘기가 기분 좋고, 아내가 퇴근은 언제 하는지, 저녁에 먹고 싶은 것은 없는지

물어줄 때가 행복이다. 귀가 시 발자국 소리에 막둥이 동이·찌아가 반갑다며 아파트 문을 긁는 소리가 너무 좋다. 아내가 마련한 저녁상을 앞에 두고 아내 친구 남편이 쉰이 조금 넘었을 때 퇴직해 몇 년째 할 일 없이 지낸다는 소리를 들을 때 나는 한없는 행복의 나락으로 빠져든다. 순간순간이 행복으로 도배된 하루였다.

TV 앞에서 동이·찌아를 안고 서로의 체온을 느끼며 웃음 지을 수 있음이 행복이다. 자식 문제로 걱정을 하며 더 좋은 내일을 희망할 수 있음이 행복이고, 문득 옛날 읽은 책 한 구절이 생각나서 책 무덤을 뒤지는데 금방 찾았으니 이것 또한 행복이 아닌가? 잠자리에 들기 전 아내와 10년 후를 얘기할 수 있어 나는 행복한 사람이다.

하루를 마감하는 지금 세상은 덥고 답답하다. 하지만 나의 시계를 되돌려 보니 행복에 묻힌 오늘이었다고 자위하고 싶다. 내가 행복해야 가족이 행복하고 동료가, 그리고 조직이 행복하지 않겠는가? 차원을 높인다면 내가 행복해야 사회가 행복하고 지구촌의 생명체가 즐겁지 않겠는가? 찾아도 없는 것이 행복이고, 저 아래로 보면 흔해 빠진 것이 또한 행복이다.

내일이면 찾아올 가을! 높은 하늘같은 넉넉함이 있어 오늘이 행복이다.

코이와 소금

사람의 본성은 간사한가? 좋은 일이 생기면 오래 지속되길 바라고, 반대로 좋지 않은 일이라면 빨리 잊혀지길 바라는 것이 분명 존재하는 것이다.

아마존 열대우림에 서식하는 물고기 '코이'는 작은 수족관에 넣으면 10㎝ 정도 자라고, 더 큰 수족관에 넣으면 30㎝ 정도 자란다. 그러나 아마존 우림 속에 자유롭게 놓아두면 150㎝까지 성장할 수 있다. 이처럼 환경에 따라 다르게 자랄 수 있다.

어느 절에 불평만을 일삼고 수도를 게을리 하는 학승이 있었다. 하루는 고승이 학승을 불러 사발과 소금을 준비하게 하였다. 그러고는 사발에 소금을 한 줌을 넣게 한 후 맛을 보게 하자 학승은 인상을 찌푸리며 맛을 묻는 고승에게 너무 짜다고 하였다. 그러자 고승은 다시 소금을 한 줌 가져오게 한 후 연못에 그 소금을 풀게 하였다. 그러고는 연못의 물을 맛보게 하였다. 이에 학승은 '스님, 소금을 넣었는지 넣지 않았는지 구분이 되지 않습니다' 라고 하자 스님이 허허 웃으면서 '같은 양의 소금도 사발에 넣으면 짜고, 연못에 녹이면 그 짠맛을 잃는다'고 했다. 이렇듯 불평과 만족도 담는 그릇에 따라 그 느낌은 다르게 나타난다는 교훈이다.

뜻은 품은 만큼 자라고, 꿈은 꾼만큼 이루어지며, 행복은 행복해 할 줄 아는 사람에게만 온다고 한다. 그런데 중요한 것은 오늘 하루 우리에겐 행복도 불행도 일어나지 않는 것이 없다는 사실이다.

행복한 망각

설 대목 아래 평소 하지 않던 일을 하고 있다. 그것은 다름 아닌 아내와 동네 마트에 장을 보러 가는 것이다. 아내가 제수용 어물과 채소를 골라서 주면 나는 카트를 밀고 따라다니며 받아 담는 것이 장보기의 전부다. 평소에도 아내와 같이 시장가는 것을 좋아하지 않는다. 왜냐하면 여자들은 시장에서 물건 하나를 사는데 너무 많이 확인하고 바구니에 넣었다가도 다시 꺼내는 등 나의 성격과는 잘 맞지 않아서다.

그런데 오늘은 이상하게 아내가 장보러 간다기에 내가

먼저 같이 가자고 이야기를 하고 따라 나선 것이다. 아내는 사야할 품목을 종이에 깨알같이 적어 이것저것을 구입했다. 계산대 앞에는 설날을 준비하는 사람들로 긴 줄을 잇고 있었다. 내가 장바구니를 들고 계산을 위해 대열에 서 있는 동안에도 아내는 바구니 안의 물건을 이리저리 확인을 했다. 그리고 계산대 앞에 이르러 계산을 해야하는데 아내가 카드가 없다는 것이다. 지갑의 이곳저곳을 확인하더니 집에서 가지고 오지 않은 것 같다는 것이다. 뒤에서는 계산을 위해 많은 사람이 줄을 서 있기에 나는 얼른 장바구니를 옆으로 빼고 아내에게 다시 카드를 확인해 보라고 채근했다. 그러나 없다는 것이다. 그럼 내가 집에 가서 카드를 가져 올테니 아내에게는 계산대 옆에 있으라 하고 마트를 나와 담배 한 개피를 피우면서 추운 날씨에 집을 향해 빠른 걸음으로 걸었다. 마트와 집 간의 거리는 채 1㎞도 안 되는데 300미터쯤 갔을까 아내가 '여보 여보'라고 불렀다. 무엇 때문인가 물었더니 찾아도 없던 카드가 있다는 것이다. 나는 혼자 언짢은 표정을 지으며 아내에게 무엇이든 차근차근 챙겨보지 않는다고 핀잔을 퍼부었다.

　이때 마음 한구석에 생각나는 단어가 떠올랐다. 바로 망각이다. 기억이 사라지는 것, 어찌 보면 우선은 답답하고 때론 갑갑하지만 이 또한 신이 인간에게 내려준 선물이 아니겠는가? 젊은 날에는 많이 그리고, 오래 기억하는 것이 삶에 도움이 된다. 하지만 나이가 들어가면 쉽게 잊어버리는 것도 서글픔이 아닌 행복이라 느껴야 한다는 말이 생각났다. 나이를 먹으면 눈도 침침해지고 기억력도 희미해진다. 나이가 들어서 많이 보면 잔소리를 하게 되고, 많이 들으면 스스로 서글퍼 하기 마련이다. 그래서 늙어지면 눈도 어두워지고 청력도 약해지는 것은 신이 인간에게 준 마지막 선물이라는 것이다. 생각이 여기에 이르니 아내에게 핀잔을 준 것이 괜시리 미안해진다. 나는 하늘을 보고 혼자 중얼거렸다. '그래. 망각, 그것 무지 좋은 것이다.' 이제껏 살아오면서 그 아프고 슬픈 일들을 모두 기억했다면 아마 스트레스로 인해 지금의 내가 존재하지 못했을 수도 있었을 것이다. 혼자의 독백에 아내가 일성을 가했다. '여보소 모두 다 이유가 있습니다. 당신도 남들처럼 마누라하고 시장도 자주 다니고 해보소. 그런가? 맨날 당신한테 기죽어 살다 보니 내가 깜빡깜빡하고 있구만'

그래 기가 죽어 깜빡깜빡하든 나이 먹어 깜빡깜빡하든 지금은 망각이란 굴레를 벗어나지 못하는 나이라오. 여보 미안하오. 그러나 그것을 행복이라 여깁시다. 당신과 나는 지금 행복에 취해 있는 것이라오. 행복이란 망각 속에….

남은 e-시간 時間

한 해가 그림자를 드리우고 있다. 한 해는 날짜로 365일, 시간으로는 8,760시간, 이를 분으로 환산하면 525,600분이다. 그렇던 2014년이 꼬리를 내리고 있다. 언제 시작되었고 언제 끝날지도 모르는 겁의 시간 앞에 작지만 흔적을 남겨야 할 갑오년의 끝자락을 지금 막 붙잡고 있다. 행복했던 사람에게는 지금 이 시간이 못내 아쉬울 것이고, 고통 속에 있는 사람들은 이 시간이 번개처럼 빨리 지나가기를 갈망할 것이다. 지구촌은 해마다 이때가 되면 굵직굵직한 이야깃거리를 남겼듯이 올해도 변함없이 재앙과 평화가 혼재된 사건들을 남겼다. 우리나라에서도 고이 접어 간직하고픈 행복한 이야기가 있었는가 하면, 기억하고 싶지 않은 가슴 아픈 이야기를 남기기도 했다. 글자 그대로, 다사다난했던 한 해였다. 똑같은 시간이 각자에게 주어졌는데 나름의 범주 속에서 서로 다름이란 이름으로 똑같이 지나가고 있다.

'단 15분'이란 서양 연극이 있다. 생명이 15분밖에 남지 않은 젊은 주인공의 이야기가 연극의 스토리다. 그는 어려서부터 총명하고 착했다. 그리고 박사학위 논문을 제출하여 극찬을 받았고, 학위 날짜만을 기다리는 글자 그대로 미래가 장밋빛이라 해도 누구 하나 부정할 사람이 없는 촉망 받는 청년이었다. 그러던 그가 갑자기 가슴에 통증을 느껴 병원을 찾았다. 진단 결과는 시한부 '15분' 밖에 살 수 없다는 것이었다. 암울한 10분이 지나고 5분을 남겨 놓고 있을 때 병상에서 희소식을 듣는다. 하나는 억만장자인 삼촌이 죽었는데 상속인이 자기라는 것이다. 둘째는 전보 한 통을 받는데 박사학위 논문이 최우수 논문으로 선정되었으며, 셋째 소식은 그렇게도 기다

40

리던 여인으로부터 결혼 승낙을 받은 것이었다. 그런 주인공이 남은 시간을 원망하며 숨을 거두는 것이 연극의 줄거리다. 주제는 바로 '아쉬운 시간'이다.

신이 인간에게 내린 가장 소중한 선물 중의 하나가 망각이다. 이 망각도 뒤집어 보면 모두가 시간이 주는 의미이다. 인간은 신의 은총으로 시간이라는 끈을 만들어 아름답게 포장하여 그 속에 젖기도 하고, 그 시간을 한탄하며 살아가기도 한다. 이런 시간에도 세 가지 유형이 있다고 한다. 처음이 깨끗한 시간이고, 다음이 더러운 시간이며, 그 다음이 두 가지를 섞은 것이라고 하는데 사람마다 어떤 시간을 맞이하고 보냈는지는 각자의 몫이다. 그러나 분명하고 확실한 것은 모두에게 지나간 시간은 그 무엇으로도 되돌릴 수 없는 아쉬움으로 남는다는 것이다.

우리는 항상 시간이 모자란다고 불평하면서 마치, 시간이 무한정 있는 것처럼 생각하고 행동한다. 영겁의 시간 속에 갑오년 한 해는 찰나였다. 이제 그 찰나마저 찰

나인, 남은 e-시간時間이다. 시작할 때의 그 설레임, 마지막 보낼 때 그 아쉬움이 쌓이더라도 보내야 하는 그 길은 일탈할 수 없다. 함께 숨쉬고 부대끼며 살갑게 살아왔던 한 해! 끝자락이 행복이란 이름으로 물들길 소망해 본다.

2부

더불어 사는 길

멧돼지의 반란

예기치 않던 일들이 일어나고 있다. 어저께는 전북 김제에서 멧돼지가 우체국 현금지급기에 출현하여 사람을 공격하는 사태가 발생했다. 며칠 전에는 서울 한복판인 종로구에 멧돼지가 나타나서 시민들을 놀라게 했다. 그리고 부산에서는 시내 편의점에 멧돼지가 들이닥쳐 난장판을 만드는가 하면, 충북에서는 멧돼지가 국도에 갑자기 뛰어들어 운행 중이던 승용차와 부딪쳐 운전자가 사망한 일이 있었다. 그리고 고양시에서는 노인이 두 살짜리 멧돼지에게 엉덩이를 물려 크게 다쳤다. 지난 11월 대구 달서구에도 멧돼지가 출현, 경찰의 총에 사살되었는가 하면 금년 들어 11월까지 민가 등에 40여 회나 멧돼지의 습격이 계속되고 있다.

　멧돼지는 산돼지, 멧돌, 야저野猪, 산저山猪라고도 불린다. 우리나라의 멧돼지는 만주종에서 분화된 것으로 만주종보다 조금 작다. 습성은 바람이 없고 햇빛이 잘 드는 양지쪽 나무와 풀이 우거진 곳에 서식하지만 일정한 거처를 두지 않고 옮겨 다닌다. 밤에 먹이를 찾는 야행성으로 본래는 초식동물이나 토끼, 들쥐 등 작은 짐승부터 어류 곤충에 이르기까지 아무거나 먹는 잡식성이다. 부상을 당하면 상대를 가리지 않고 사납게 공격하고 다친 상처는 얼음물에 담그거나 송진을 발라 스스로 치료할 만큼 영리하기도 하다. 몸길이는 1.1~1.8미터에, 몸무게는 50~280kg이다. 번식은 5월경에 7~13마리의 새끼를 낳는다. 이 같은 멧돼지의 특성을 요약하면, 활동은 주로 밤에 하는 야행성이고, 무엇이나 잘 먹는 잡식성, 한꺼번에 많은 새끼를 낳는 다산성, 성질은 포악하고 총명성까지 가지고 있는 그런 동물이다.

이런 멧돼지가 민가에 나타나거나 인간을 습격하는 원인은, 첫째가 동물의 먹이사슬 중 멧돼지보다 상위 동물이 없다는 것이다. 그러니 멧돼지 숫자가 자연적인 번식 수준을 넘어 가히 폭발적이다. 둘째, 먹이가 부족하다. 올해는 이상 기후로 인해 도토리 등 멧돼지가 좋아하는 먹이가 부족하여 민가로 내려오기 때문이다. 셋째, 생태 환경의 파괴이다. 늘어나는 개체에 비해 생존 환경은 자꾸만 좁아져 인간의 영역으로 습격은 어찌 보면 당연한 것인지도 모르겠다.

그렇다면 멧돼지의 이런 반란을 손 놓고 지켜만 보아야 할 것인가? 농작물의 피해는 제쳐두고라도 인명 피해가 크다. 그리고 시민들의 불안이 자꾸 커져만 가는 실정이다. 급기야 정부에서는 11월 멧돼지 기동포획단 구성과 광역수렵장을 설정하는 등 야생 멧돼지 관리 개선책을 발표했다. 그런데 정부에서는 27만여 마리로 추정되는 멧돼지에 대한 대책을 기껏해야 1인당 사냥할 수 있는 마릿수를 3마리에서 6마리로 늘리는 것이 전부였다.

정부의 멧돼지 관련대책은 거시적이어야 한다. 단순히 포획만으로 개체 수를 조절하겠다는 미시적인 해결책으로는 안 된다. 또 포획과정에서 크고 작은 안전사고에 대한 대비책도 물론 마련해야 한다. 그러나 보다 중요한 것은 서식 환경과 먹이 사슬에 의한 순리적인 개체 조절이 되도록 하여야 한다. 그렇게 되려면 한걸음 늦더라도 장기적이고 실현 가능한 계획을 수립 시행해야만 한다. 그렇지 않으면 적보다 무서운 멧돼지의 대공습이 해마다 계속되지 않는다고 누가 장담할 수 있겠는가?

빨아도 녹지 않은 사탕

어려운 시절이 있었다. 60~70년대 국민 소득이 몇 백 불이던 그때, 글자 그대로 먹고 사는 것이 고단하던 시절이었다. 생명을 담보한 월남 파병, 파독 광부와 간호사들의 임금으로 달러를 모아야 했던 힘든 시절이었다. 마땅한 놀이 문화도 없었고 어린이들에겐 군것질거리도 없던 팍팍했던 시절, 나라 안팎으로 월남이란 단어가 많은 부분을 차지했었다.

그 시절 동네 구멍가게에서 팔던 일명 '월남방망이'(설탕과 엿을 녹여 둥글게 만든 것에 나무 막대를 꽂아 손잡

이를 만든 사탕)가 있었다. 아들이 하나 사주면 할머니는 그 사탕을 입에 넣고 하루 종일 빨았다. 그런데 그 사탕은 녹지 않고 그대로 있었다. 할머니는 이빨이 없어 정확하지 않은 발음으로 '세상에 이런 사탕이 어디 있나? 이것도 세월을 잘 만나 먹어 본다'며 좋아하시던 모습이 짠하게 기억에 남아 있다. 그런데 할머니가 하루 종일 빨아도 녹지 않고 그대로 있었던 그 '월남방망이'는 사탕을 포장하기 위해 표면을 요즘이면 '랩'으로 쌌던 것이다. 그 시절엔 얇은 비닐로 밀착 포장을 해서 팔았다. 할머니는 시력이 좋지 않아 그 월남방망이에 비닐이 씌워져 있는지도 모른 채 빨았기에 그 사탕이 녹을 리가 없었던 것이었다.

우리는 좋은 친구·동료를 마르지 않는 샘물 같다고 표현하기도 한다. 그 말의 의미는 한결 같다는 의미를 내포하고 있다. 그때 할머니가 빨아도 녹지 않던 월남방망이 같이 지금 한결 같은 사람이 그립다.

불가에선 우리 인간에게 8가지 고통이 있다고 한다.

- 생로병사生老病死 : 태어나고, 늙고, 병들고, 죽는 4고苦
- 오음성고五陰盛苦 : 욕망이 타오르는 고통
- 구불득고求不得苦 : 무언가를 구하려 하는데 얻어지지
  않는 고통
- 원증회고怨憎會苦 : 미워 죽겠는데도 만날 수밖에 없는
  고통
- 애별이고愛別離苦 : 좋아서 미치겠는데 헤어져야 하는
  고통

우리는 본인의 의사와 관계없이 가족과 직장 그리고 친구 등 사회란 이름의 틀 속에 서로 엮여 살아갈 수밖에 없다. 계속 만나야 하는 괴로움이 있는가 하면 사랑해서 미치겠는데 헤어져야 하는 고통도 있다. 그래서 부처님은 미워하는 사람 만들지 말라 그러면 그 사람 만나서 괴롭고, 좋아하는 사람도 만들지 말라 그러면 그 사람 헤어져 괴롭다고 했던가?

7월 1일부터 일선에선 새로 당선된 일꾼들이 나름의 희망을 가지고 취임을 하고 일을 시작했다. 선거를 치르면서 당선자의 편에 서서 일했던 사람들은 당선의 기쁨을 함께할 것이고 낙선자 편에 섰던 사람들은 또 다음을 기약해야 하는 위치에 서게 되었다. 공무원이든 회사원이든 월급을 받는 사람은 위를 보고 일을 한다고 한다. 그래서는 안 된다. 그러나 선출직은 '아래로 주민의 표를 먹고 산다'라는 어느 선출직 기관장의 말이 언뜻 생각이 난다. 주민들의 신임을 얻어 선출된 단체장은 해야 할 소임이 있다. 이는 내편의 사람이든 반대편의 사람이든 모두를 아우르고 보듬어야 한다는 사실이다. 빨아도 녹지 않은 월남방망이 같이 식지 않는 정들이 모여 사는 아름다운 지역이길 바라는 것이 너무 거창한 희망이 아니길 소망해 본다.

우공이산

춘추전국시대 열자列子의 사상을 기술한 《열자》 〈탕문편湯問篇〉에 실린 이야기다.

중국에 둘레가 7백 리나 되고 높이가 1만 길이나 되는 태행산太行山과 왕옥산이 있었다. 그 가운데 작은 마을에 우공愚公이라는 90세의 노인이 살았다. 어느 날 우공이 가족을 불러 놓고 회의를 했다. 회의 내용은 '우리가 이제껏 두 산 때문에 멀리 돌아다닐 수밖에 없어 불편했으니 저 두 산을 다른 곳으로 옮겨야겠다. 너희들 생각은 어떠하냐'는 우공의 물음에 세 아들은 '아버지 그렇게 합시다.'라고 찬성했다. 옆에서 이야기를 듣던 늙은 부인은 '영감쟁이 미쳤구면. 이제껏 불편해도 잘 살아왔는데 죽을 날도 얼마 남지 않았으면서 무슨 힘으로 저 큰 산을 어디로 옮긴단 말인가'라고 불평을 하자 우공이 느긋하게 웃으면서 '할멈! 아들이 내 뜻을 따르니 힘이야 빌리면 되고 파낸 흙은 발해에 갖다 버리면 되는 것이다.'라고 말했다. 그리고 다음 날부터 눈만 뜨면 세 아들과 손자를 데리고 삼태기에 흙을 담아 바다로 나르기 시작했다. 삼태기에 흙을 담아 한 번 옮기는데 하루가 걸리는데도 일은 중단하지 않았다.

이런 광경을 지켜보던 우공愚公의 오랜 친구 지수는 '저 친구 망령이 들어도 단단히 들었다'라며 조롱을 하고 비웃자 우공은 '야 이 사람아 내가 죽으면 아들이 할 것이고, 아들이 죽으면 또 손자가 할 것이다. 또 손자가 죽으면 증손자가 하고, 증손자가 죽으면 고손자가 할 것이다. 그리고 대를 이어 후손이 계속하면 언젠가는 옮겨질 것이 아닌가?'라고 하였다. 이런 우공과 친구의 대화를 엿

듣고 있던 두 산의 수호신인 사신蛇神이 깜짝 놀랐다. 그대로 있을 경우 자신이 기거할 산이 없어질 걸 생각하니 크게 놀라 허둥지둥 천제天帝를 찾아 부탁했다. '지금 우공이라는 늙은이가 저희의 본거지인 태행산과 왕옥산을 깎아내어 옮기고 있습니다. 천제께서 나의 산을 어떻게 좀 지켜주십시오'라고 엎드려 읍소하니 천제가 '어디 그게 사실인지 내가 확인해 보겠다'고 하며 진위를 확인해 보았다. 그런데 그것은 거짓이 아니었다. 우공이 매일 산을 조금씩 깎아 삼태기에 담아 발해만으로 흙을 퍼 나르는 것이었다. 이에 천제는 사신의 거처는 생각하지 않고 우공의 끈기에 감동하여 태행산은 중국 삭동朔東땅에 왕옥산은 옹남雍南땅으로 옮겨 주었다는 우공이산….

'09년 8월 25일에 반만년 한민족의 염원을 싣고 1차 발사한 나로호가 한쪽 페어링이 분리되지 않아 실패하였다. 2차로 '10년 6월 10일 17:01분 2차로 발사한 나로호도 70km 상공에서 폭발, 추락하였다. 그 후 '13년 1월 30일 대기권을 박차고 나르는 나로호를 보면서 가슴 벅찬 감동을 느끼지 않은 국민이 어디 있겠는가? 발사에 관여한 모든 분들에게 위로와 격려를 보낸다.

우리 인간이 사는 지구별에는 수십 년씩 걸려서 우주강국 반열에 오른 나라들이 있다. 미국, 러시아, 일본, 중국, 영국, 프랑스, 인도, 이스라엘, 이란이다. 이들은 자신의 영토에서 자국의 기술로 발사하여 우주강국이 되었지만 그들도 우리와 같은 실패의 아픔이 어찌 없었겠는가? 아픔 뒤에 성숙이 오고, 실패 없는 성공이 없다는 옛 성현의 말씀이 불현듯 생각이 난다.

그동안 방송을 통해 발사가 실패했을 때마다 내 일같이 아쉬워하며 탄성을 지르고 다음을 기약하는 덕담을 들었다. 그리고 성공을 눈으로 확인했다. 우주강국! 멀고도 힘들다는 것을 모두가 알고 있다. 하지만 누구도 시작하지 않는 길을 한 걸음 한 걸음 걸었던 우공처럼 그 길이 어렵더라도 차근차근 챙기고 노력해야 한다. 그러면 우리 땅에서 우리의 기술로 우주를 나르는 10대 우주강국에 대한민국의 이름을 반드시 올리리라. 아픈 실패를 경험 삼아 꾸준히 최선을 다해야 한다. 그러면 천제天帝도 우공의 끈기에 놀라 태행산과 왕옥산을 옮겨주었듯이 하늘도 우리 대한민국이 꿈꾸는 우주왕국의 기도를 어찌 외면하랴.

추석의 소망

추석이 풍성함을 안고 성큼 다가선다. 추석은 음력 8월 15일로 중추절, 가배, 가위, 한가위 등의 이름으로 우리 민족의 가슴 속에 면면히 이어져 왔다. 한 해 농사를 끝내고 오곡을 수확하는 시기로 명절 중 가장 풍성하며 일종의 추수감사절이다. 이번 추석에도 4,700만 명의 민족 대이동이 있을 것이라고 한다.

추석이 민족의 명절로 이어져온 역사를 보면 《삼국사기》에는 이렇다. 신라 유리왕 때 육부六部에 여자들이 베짜기 결과에 따라 술과 음식을 대접하고 춤과 노래로 즐겼다는 '가배嘉俳'에서 시작되었다는 기록이 있다. 그리고 고려시대에도 명절로 지냈고, 조선시대에는 선대왕에게 햇곡식과 과일로 추석제를 지낸 기록이 있다. 그리고 중종 때부터 '설' '단오'와 함께 민족의 3대 명절로 지내 오면서 지금까지 한민족의 큰 행사로 이어지고 있는 것이다.

그러나 큰 명절에도 쉬지 못하는 사람들이 있다. 용광로에 지핀 불을 끌 수 없어 귀향하지 못하는 사람이 있는가 하면 수출 물량을 맞추느라 쉬지 못하는 사람도 있다. 이렇게 바쁜 사람과 다르게 일찍 벌초를 한 후 제사를 모시고는 외국으로 여행을 떠나는 사람들도 있다. 한편 개인 휴가에 경제적인 부담까지 감내하고 멀리 오지로 봉사 활동을 떠나는 사람도 있다. 또한 명절이면 더 바빠지는 사람들도 있다. 경찰과 소방공무원, 긴급사항에 대비해서 비상대기중인 의사 선생님 등 보이지 않는 곳에서 묵묵히 일하는 사람들 덕분에 민족의 대 명절이 풍성할 수 있는 것이 아니겠는가?

우리 추석의 깊은 내면에는 원초적인 귀소 본능이 자리 잡고 있다. 귀향을 위해 지금이야 인터넷 등을 통해 쉽게 표를 예매할 수 있다. 수년 전만 하더라도 열차는 서울역 앞에서 며칠 밤을 기다려야 귀성표를 구할 수 있었다. 고속버스도 예외이지 않았다. 표를 구하느라 고향 가기 전에 이미 진을 빼곤 했다. 문명의 도움으로 표 구하기는 힘들다 해도 예전 같지는 않다. 그러나 차량을 이용한 귀향은 갈수록 어려워지고 있다. 평소 도로 위에서 차가 밀리면 참지 못하는 조급함이 우리에게 있다. 그런데 추석에는 아예 음식을 준비해서 짧게는 5~6시간, 길게는 10시간이 걸려도 웃으면서 기다리는 여유로움은 어디서 나오는 것일까? 그렇게 귀향해서 짧게는 차례만 올리고 여유롭다 해도 하루 정도를 고향에서 보내는 시간이 전부이다. 그래도 고향으로의 발길이 멈춰지지 않는 것은 우리 민족의 보이지 않는 혼이 거기 있기 때문이다.

이렇게 농경시대에 시작하여 산업화, 정보화 사회가 된 지금까지도 추석이 그 명맥을 유지하고 우리 민족의 가슴 속에 아름다운 흔적을 남기면서 면면히 이어지는 힘은 어디서 오는 걸까? 어렵던 시절의 추석은 우선 배고픔을 해소하고 바닥난 곳간을 채울 수 있어 좋았다. 그러나 보이지 않는 내면에는 하늘과 땅이 베풀어 준 결실에 감사하는 아름다운 농심이 자리잡고 있음을 알 수 있다. 하지만 무엇과도 바꿀 수 없는 것은 가족과 친인척을 만나 웃고 조상에 효를 다하며, 나누고 베푸는 천심이 추석 그 안에 녹아 있기 때문이다.

이번 추석에도 가족과 친인척을 만나 웃고 가까이 있는 이웃들이 모여 그간의 방전된 정情을 충전하고 행복해하는 모습을 소망해 본다.

복伏날과 음식

삼복三伏의 계절이다. 복伏자는 엎드릴 복자로 개가 너무 더워 혓바닥을 드러내고 엎드려 있다는 뜻이다. 삼복이란 말은 중국의 춘추전국시대부터 내려왔으며 여름 가운데 제일 더운 기간을 열흘 간격으로 초복, 중복, 말복으로 구분해 놓은 것으로 복날 음식으로 삼계탕과 보신탕이 으뜸이다.

삼계탕蔘鷄湯은 1542년 영풍군수로 부임한 주세붕 선생이 소백산에서 산삼 씨앗을 채취하여 재배한 삼蔘을 닭에 넣어 계삼탕鷄蔘湯을 만든 것이 삼계탕의 기원이다. 요즘은 삼계탕이라 하지만 그때는 계삼탕이라 칭했다. 여름이면 사람의 몸 표면은 더우나 속은 차가워진다. 이를 보충하기 위해 따스한 성분을 함유한 닭鷄과 삼蔘으로 속을 보하여 여름 건강을 유지하기 위한 것이 오늘날 삼계탕의 유래로서 우리 선조들의 여름나기 지혜를 엿볼 수 있다.

보신탕補身湯은 사마천司馬遷의 사기史記에도 등장하는데 구장狗醬이라 하여 개고기 국이 나온다. 우리나라에서는 18세기 궁중 수라상에 구증狗蒸이라 하여 개고기 요리가 등장한다. 보신탕인 개고기 요리는 88올림픽을 전후해서는 외국인들이 혐오식품이라 하여 화두가 된 바도 있다. 그러나 음식은 그 나라의 풍습과 문화의 차이에서 오는 것으로 뭇사람들의 얘깃거리는 될 수는 있다 하더라도 그것으로 선진국과 후진국의 차이쯤으로 비하하는 것은 바람직하지 못하다.

복伏날 맛있는 삼계탕이나 보신탕을 한 그릇 먹으려면

삼계탕 집 앞에서 1~2시간 쯤 기다리는 것이 보통이다. 어느 나라에도 볼 수 없는 진풍경이다. 미식가인 일본 사람들에게도 진생 치킨스프(인삼 닭죽)가 인기 있는 식품인 걸 보면 그들 또한 입맛이 비슷한 것 같다.

이처럼 우리네 선조들은 복伏날의 음식으로 삼계탕蔘鷄湯과 보신탕補身湯을 즐겨 먹었음을 알 수가 있다. 하지만 자못 몸을 보補하는 것 이상의 의미가 있었다. 한 여름에 좋아하는 사람, 가까이 있는 친인척이 함께 모여 땀을 흘리며 음식을 같이 먹는 아름다운 풍습이 한결 더위를 이길 수 있는 좋은 방법이란 생각을 했던 것이다. 음식을 같이 하며 정을 나누는 식정食情이 정情 중에도 으뜸임을 선조들은 알고 실천했던것 같다.

다가오는 중복에는 혐오식품의 여부를 떠나 여름 나기 음식인 삼계탕이나 보신탕補身湯으로 서로 좋아하는 사람끼리 식정을 나누었으면 한다. 이처럼 여름을 피하지 않고 맞이하는 것이 어쩌면 어려운 시절, 여름을 보내는 서민들의 작고 아름다운 지혜가 아니겠는가?

인간과 동물

인간은 지구에서 동물보다 나이가 어리다. 지구에서 동물은 길게는 수억 년 전부터 살아왔다. 하지만 현 인류의 조상인 호모 사피엔스는 약 4만 년 전부터 살았을 뿐이다. 다시 말해 동물에 비해 인간의 나이는 비교할 수 없을 만큼 어리다는 것이다. 그런데 인간이 동물보다 지능이 조금 높다는 이유만으로 동물을 관리하고 있다. 즉 생존의 수단으로 이를 이용하거나, 농경시대에는 동물로부터 노동력을 제공받으며 공존해 왔다. 그러나 지금은 건강, 혹은 아름다움을 위해 야생동물을 이용하는 등 그 방법이 다양해지며 인간과 동물의 보이지 않는 전쟁이 계속되고 있다.

　동물이 인간에게 식용으로 제공되고 있는 것들은 소, 돼지, 닭이 주종이며 그 외에 가금류 등 여러 가지가 있다. 이들은 우리 인간이 종족을 번성해 가며 살아가는데 없어서는 안될 중요한 단백질 공급원이다. 그래서 동물보다 지능이 조금 높은 인간은 지구상에서 먼저 살아온 동물을 학대하고 생계의 수단으로 이용하고 있는 것이다.

　최근에 어느 방송국에서 야생 곰을 우리에 가두어 사육하는 현장을 방영한 바가 있다. 야생곰이 스트레스를 받아 포악성을 드러내고 똑같은 행동을 반복하는 이상 행동을 하게 되는데 마치 치매 환자처럼 보였다. 이런 기이한 현상을 본 시청자들은 경악했고 잔잔한 반향을 일으켰다. 야생 곰의 사육 목적이 식용이 아닌 건강을 위한 것이란 맹신에서 비롯되어 더 슬프다. 다시 말해 웅담은 정력제, 발바닥은 미식가의 입맛을 위한 것으로 사육되기에 뭇사람들의 곱지 않은 시선을 받는다. 땅꾼의 경우도 그러하다. 동면을 위해 자리를 찾는 뱀의 이동로에 망을 쳐서 몽땅 잡는다. 그리고 인간의 아름다움을 위해 야생동물을 기르고 학대하는 경우도 있다. 담비, 밍크, 여우가 그렇다. 이것은 여성들이 갖고 싶어 하는 것 중의 하나이다. 이렇게 동물을 생존수단 이외 목적으로 사육하는가 하면 반대인 경우도 우리 주변에 있다. 애완견을 가족처럼 보살피고 환자 치료에 활용하는 경우도 있다. 또한 안내견처럼 눈먼 사람들의 따뜻한 길잡이가 되는 등 동물과 인간은 멀리 할 수 없는 동반자이기도 하다. 한편 핵가족화에 따른 인간들에게 애완견은 때론 가족 이상의 대접을 받는 이면도 있다.

그런데 같은 동물을 가두어 사육해도 비난의 대상이 되기도 하고 반대로 그렇지 않은 경우가 있다. 그 가치 판단 또한 글자 그대로 모호하다. 그러나 분명한 것은 지구상에 먼저 자리 잡은 동물에 대해 인간이 어떻게 해야 하는지 나름의 기준이 없다는 것이다. 더 중요한 것은 동물도 인간의 삶에 없어서는 안될 소중한 생명체라는 것

을 잊어서는 안된다. 왜냐하면 동물과 인간의 먹이 사슬
도 중요한 자연의 법칙이기에 이 먹이 사슬의 룰이 깨어
지면 그 폐해가 결국 부메랑이 되어 돌아오기 때문이다.

늦었지만 지금에서야 사람들이 '어떻게 하면 인간과
동물이 공존하며 살아갈 수 있을까?'고민하기에 이르렀
다. 그중 하나로 동물을 윤리적으로 대하는 사람들이 모
임(PETA)을 만들어 활동한다. 이처럼 인간이 나름의 동
물관을 세워 가려고 노력하는 모습을 보이고 있다. 하지
만 더 고뇌해야 한다. 지구상의 생물체 중에 인간과 동물
만이 이동하며 살아가는 고등 생명체이다. 같은 생명체
가 단지 지능지수가 조금 높다는 것만으로 이들을 학대
해서는 안 된다. 특히 야생동물을 식용이 아닌 인간의 이
기적인 사치를 위해 이용하는 것은 금해야 한다. 지구상
에는 분명 순환의 법칙이 존재한다. 다시 말해 언젠가 시
간이 지나면 인간과 동물의 지배구조 또한 깨어질 가능
성을 장담할 수 없다. 기우이길 바라지만, 그때에는 인간
이 동물에 대해 무어라고 말할 것인가!

처서의 기도

처서는 24절기 중 14번째 절기이다. 태양의 황경이 150도가 될 때이며 양력으로는 8월 23일, 음력으로 7월에 해당하는 때이다. 이때는 폭서기를 지나 더위가 한풀 꺾이고 신선한 가을을 맞이하게 되는 절기이기도 하다. 시기로는 입추와 백로 사이며, 풍속으로는 청벌초를 하거나 장마에 습기 찬 옷 등을 말리는 시기이기도 하다.

처서와 관련된 말들을 보면 '처서가 지나면 모기도 입이 삐뚤어진다' '처서에 비가 오면 단지(곳간)의 곡식이 축난다'는 이야기가 있다. 이 말의 뜻은 한여름 독이 올라 설치던 모기도 날씨가 서늘해지니 힘이 없어 모기로 서의 역할을 할 수 없다는 것이고, 단지에 곡식이 축난다는 것은 한여름을 지나 결실의 계절로 접어들어 일조량이 많아야 하는 중요한 시기인데 비가 오면 결실이 줄어들 수밖에 없다는 의미이다. 이런 말들을 종합하면 처서는 찌는 듯한 여름을 지나 결실의 계절로 가고 있음을 알 수 있다.

지금 세상은 미국 발 금융위기로 경제의 축이 휘청거리고 있다. 지구 어느 곳은 수해로 수십만 명의 사망자와 이재민이 발생하고 있는가 하면, 어느 곳은 화재로 지구를 뜨겁게 태우기도 한다. 우리나라의 현실은 집중 호우로 수도권과 지방 곳곳이 피해를 입어 복구에 모두가 구슬땀을 흘리고 있다. 남북 관계는 천안함과 연평도사건 등으로 냉기가 가시지 않고 있으나 보이지 않는 미풍이 감지되기도 한다. 그러나 농가의 피해 상황은 언론에서도 관심이 부족하고 사람들의 기억에 남아 있지 않는 것이 현실이기도 하다.

필자가 처서와 관련된 이야기를 시작한 것은 사실 농촌의 실상을 이야기하고 어려운 상황에 있는 농촌의 희망을 그리고 싶어서다. 농촌 인구는 해마다 줄어들어 전체 인구의 5% 밖에 되지 않는데다가 고령화가 가속화되고 있다. 국가 전체의 경제적인 측면에서 보면 농촌비중은 하잘것 없다. 하지만 우리가 이런 단순한 수치로만 계산하고 도외시해서는 안 된다. 조선과 자동차, IT 수출에 비하면 농촌의 수입과 종사자 또한 비견될 바 아니다. 하지만 인구나 경제적인 비중이 비록 낮더라도 농촌에 흉년이 들면 국민의 정서에 영향을 미친다. 이는 우리 민족의 혼이 농촌에서 시작되어 왔고 누구나 어머니의 품 같은 농촌을 떠나서는 생각할 수 없는 농경민족이기 때문이다.

언제 시작되었고 언제 끝날지도 모르는 계절의 시간 앞에 즐거울 때에는 짧은 즐거움으로, 어려울 때에는 '내일'이란 단어로 희망을 이야기하고 싶다. 그러기 위해서는 보잘것 없는 농촌이지만 한번쯤 뒤돌아보는 여유가 필요한 때이다. 수해로 가슴앓이 하는 우리 이웃을 생각해야 한다. 한여름 뜨거운 햇볕을 마다 않고 고생하신 아버지 어머니를 찾아 힘을 보태고 정을 나누어야 할 때이다. 그때가 바로 지금이다.

한여름 무더위가 가고 결실의 계절이 눈앞에 도래해 있다. 이렇게 계절이 말해 주듯이 힘들고 어려운 우리 삶에도 처서의 바람같이 시원하고 풍성한 결실의 훈풍을 기도해 본다.

지구별이 이상하다

지구는 태양계에 속한다. 태양계에는 태양을 중심으로 형성된 수성, 금성, 지구, 화성, 목성, 토성, 천왕성, 해왕성이 있다. 태양계의 별 중에는 지구에서 가깝게는 1광년(빛의 속도로 1년 가야 하는 거리: Iy)의 거리에 있는 별도 있다. 또 저 멀리 우주의 별 중에 북극성은 1,100광년으로 뭇 시민의 상상으로는 가늠이 어려운 머나먼 별 나라이다. 이런 태양계와 같은 별무리가 우주에는 몇 백 개인지 아니 몇 천, 몇 백만 개인지 아는 사람은 아무도 없다. 우주를 창조한 창조주는 알고 있을지 모르지만….

이런 우주 속의 작지만 아름다운 별 지구가 고열을 동반한 심한 통증에 시달리고 있다. 자연 재앙이라 할 만큼의 폭염에다 가뭄, 한파가 지구 곳곳을 벌집 쑤시듯이 일을 벌리고 있다. 러시아에서는 우리나라 면적의 13배에 이르는 지역이 산불로 비상사태가 선포되었다. 현재 50여 명 사망에 8천여 명의 이재민이 발생하여 130년 만에 대재앙을 맞고 있다. 중국도 중남부 지역이 홍수로 이재민 1억 2천만 명에 피해액이 25조 원이 된다고 한다. 그리고 인도와 파키스탄에도 물난리를 겪고 있다. 또한 지구별의 최강국 미국에서도 남부와 중서부 지방이 폭염으로 10여 명이 사망하였다. 그 아래 남미에도 40년 만의 한파로 200명 이상이 동사하고 페루에도 비상사태를 선포하기에 이르렀다. 이처럼 지구가 이상 증세를 보이고 있다는 것이 지구에 생존하고 있는 과학자와 기상학자들의 얘기이고, 뉴스가 이를 말해주고 있다.

우리는 자연 재해로 500명 이상이 죽고, 5억 달러 이상의 피해가 나면 대형 기상이변이라 한다. 이런 대형 기상이변이 80년에는 12.7건, 90년에는 19.2건, 2000년도는 24.5건으로 계속 증가하고 있다. 이렇게 이상 현상이 나타나면 지구별에서 생존하는 우리 인간들에게 직접적인 인명 피해는 물론이고 서서히 식량난까지 겹치기 마련이다. 최근 곡물 가격이 폭등하고 러시아에서는 밀과 보리의 수출을 중단하는 등 그 여파가 지구 곳곳에 미치고 있는 실정이다.

그러면 이런 이상 현상을 진단만 하고 두 손 놓고 있어서는 안 된다. 기상학자들은 작금의 현상을 여러 원인으로 진단하고 있지만 가장 큰 이유로는 지구 온난화와 라니냐를 꼽고 있다. 다시 말하면 인간이 편익을 위해 화석연료를 태움으로써 이런 결과를 자초하고 있다는 이야기다. 가장 가까이에 있는 승용차 운행, 전기·수돗물의 절약 등 사소한 것들이 모두 화석연료와 연관이 있다. 지구의 건강을 위해 해야 할 일들이 너무도 많다. 바쁨 속에 여유, 조금 불편하고 힘든 것을 되돌리면 바로 인간의 건강에도 도움이 된다. 바꾸어 말하면 지구의 파괴 속도를 늦추는데 작지만 아주 중요한 일이다. 이는 누구나 알면서 실천에는 인색했음을 부인할 수 없다.

지구 한 곳은 염천에다가 어느 곳에는 한파가 닥쳐 중병이 들었다. 그런데 우리는 마냥 즐기기만 하는 것은 아닌지? 처마 끝에 불이 났는데도 제비와 참새는 그것도 모르고 둥지 안에서 지저귀기만 하고 있는 형상 즉, 안심하고 있기엔 재앙이 바로 턱 앞에 닥쳤음을 비유한 연작처당燕雀處堂이 바로 지금이다. 지구의 온난화로 수억 년의 만년설이 녹아내리고 북극의 해빙은 늘어만 가고 있다. 이 같이 복구가 어려운 현실을 보면 한번 엎질러진 물은 다시 담을 수 없다는 복수불반분覆水不返盆이란 옛말도 지금 지구별에서 우리 인간과 자연을 두고 하는 말인 것 같아 씁쓸하기만 하다.

3부

소리없는 아우성

세계문화유산 등재에 즈음하여

유네스코는 문화유산을 보존해야 할 필요성을 인식하고 소중한 문화유산을 지정, 관리하고 있다. 다시 말해 인류의 보편적 가치를 지닌 자연유산 및 문화유산들을 발굴 및 보호·보존하고 있는 것이다. 이를 위해 1972년 세계문화유산 보호협약 약칭 '세계유산협약'을 채택하고 그 특성에 따라 자연유산, 문화유산, 복합유산으로 분류 보존, 관리해 오고 있다.

우리나라의 문화유산으로는 해인사장경판전, 종묘, 석굴암·불국사, 창덕궁, 수원화성, 고창·화순·강화 고인

돌 유적, 경주역사지구, 조선 왕릉이 등재되어 있다. 그
리고 제주 화산섬과 용암동굴이 유네스코 자연유산으로
등록되어 있다. 2010년 8월 1일 브라질에서 열린 유네스
코 34차 세계문화유산위원회로부터 안동의 하회마을과
경주의 양동마을이 한국의 역사 마을로서 세계 문화유산
으로 등재가 확정되었다.

세계의 유산은 '09년 10월 현재 890점이다. 그중 문화
유산 689점, 자연유산 176점, 복합유산 25점이 지정되어
있다. 그 가운데 우리나라는 10점의 문화유산이 등재되
어 있을 뿐이다. 한민족이 터를 잡고 문화를 꽃피우며 살
아 온 지 반만 년의 유구한 역사 속에 보존하고 관리해야
할 흔적이 여러 곳에 남아 있는 것이 사실이다. 우리는
그것을 찾아 새로 등록하고 보존 관리해야 함에 있어 소
홀했음을 인정하고 다시 시작하여야 한다.

하회마을이나 양동마을이 이번에 등재가 확정된 것은
국민 모두가 축하하고 후세에 길이 보존해야 할 민족의

자랑거리임에 틀림이 없다. 지리학의 선구자 이중환은 택리지擇里志에서 삼남(충청, 경상, 전라) 즉 한수 이남에 4대 길지吉地를 소개하고 있다. 안동의 하회마을과 내압 마을, 경주의 양동마을, 봉화의 닭실 마을이 그것이다. 그 중 2곳이 이번에 유네스코 문화유산으로 등록되었으니 축하 속에 아쉬움이 있음을 언급하고자 한다.

조선 중종 때 문신 충재沖齋 권벌權橃 선생(1478~1548)의 후손들이 터를 잡고 살아온 안동 권문權門의 집성촌이 있다. 바로 봉화군 봉화읍 유곡리 일명 닭실마을이다. 또한 의성 김문金門이 터를 잡고 우리 고유 정신문화를 보존해 오고 있는 곳, 안동시 임하면 천전리 일명 내압마을이다. 이 두 마을도 하회마을이나 양동마을 못지않은 자랑거리이고 보존 관리해야 할 가치가 있는 것임에 틀림이 없다. 문화재청은 이차에 전국에 산재한 우리 문화유산을 재확인하여 추가 등록될 수 있도록 사전 준비를 철저히 하여야 한다.

대한민국은 세계 인구의 0.8%를 차지하고 40~50년 전에는 최빈국에 속했다. 하지만 작은 땅덩어리에도 불구하고 세계 경제의 10위권을 넘나들며 세계 속의 주역으로 설 수 있었던 것은 바로 문화의 힘이 아니었을까? 이는 선조들의 보이지 않는 유산을 통한 정신적 뒷받침이 큰 힘이 되었다는 것은 누구도 부인하지 못할 것이다. 이것이 바로 우리의 문화유산을 소홀히 할 수 없는 이유이다.

육십불변

백년하청百年河淸, 100년을 기다려도 황하의 물은 맑아
지지 않는다.

춘추시대 정鄭나라가 초楚나라의 속국인 채蔡나라를 침
범한 것이 화근이 되어 초나라의 공격을 받게 되었다. 그
러자 정나라에서는 신하들이 모여 대책을 논의했다. 하
지만 의견이 양쪽으로 갈라졌다. 초나라에 항복을 하자
는 화친론和親論과 진晉나라에 구원군을 요청했으니 구원
군을 기다리며 싸우자는 주전론主戰論이 맞섰다. 양쪽이
서로 물러서지 않자 대부인 자사가 나서며 말했다. "주
나라의 시詩 중에 '황하의 흐린 물이 맑아지기를 기다리

는 일은 인간의 짧은 수명으로는 턱없이 부족하다'는 구절이 있다. 지금 진나라의 구원군을 기다린다는 것은 백년하청百年河淸일 뿐이다. 그러니 우선 초나라에 항복하여 백성들의 안위를 도모하도록 해야 하오" 그 말에 양쪽은 동의하고 초나라와 화해한 뒤 위기를 벗어났다는 이야기이다.

모든 것은 변하는데 유독 변하지 않는 것을 우리는 백년하청이라 한다. 올해로 6·25전쟁 60주 년이다. 지구촌의 모든 것이 변하고 있다. 그러나 이마를 맞댄 동족인 북한은 변화에 미동조차 하지 않고 있다. 이런 북한을 보면 백년하청이란 글귀가 육십불변六十不變(60년이 흘러도 북쪽은 변하지 않는다.)으로 들려오는 것은 우연만은 아닌 것 같다. 얼마나 더 기다려야 변한단 말인가?

지구상에 냉전 체제가 허물어진 지 몇 년이 되었는가? 여기에 유일한 분단국가가 바로 우리다. 그런데 북한은 3살 먹은 아기가 아무것도 모른 체 떼를 쓰는 것과 같다.

그리고 혼자 벼랑길을 가고 3대 왕조를 이어가는 모양새를 보노라면 과연 얼마의 시간이 더 흘러야 할지 모르겠다. 정말 답답하다. 어느 철학자는 "오늘 하루 이 세상에 일어날 수 없는 것은 아무것도 없다"라고 했다.

전쟁 60주 년을 맞는 이 해에 남과 북이 서로 존중하며 함께 가는 모습을 꿈꾸는 것이 꿈이 아니길 기도해 본다.

은자세상

숨어 지내고 싶은 사람이 간혹 있다. 청문회란 제도가 만들어지고 그 제도가 차츰 자리 잡아 가면서 세상에 얼굴을 내밀기 싫어하는 사람이 있다는 것이다.

고려에서 조선왕조로 권력이 이동할 무렵, '하늘에 두 개의 태양이 존재할 수 없다'라며 끝내 초야에 묻혀 충절을 지킨 삼은三隱이 있었다. 이는 목은牧隱, 포은圃隱, 야은冶隱이다. 바로 이색, 정몽주, 길재를 두고 일컫는 말로서 이들은 모두 숨어 있다는 은隱자가 포함된 호를 가지고 있다. 다시 말해 짐승을 기르며 숨어 있다는 목은牧隱, 채

마밭을 가꾼다는 포은圃隱, 성정을 기리며 숨어 있다는 야은冶隱이 그것이다. 당시 이들은 자신들이 역성혁명을 이룬 이들의 요구를 고사하지 않고 '조선왕조를 따르겠다'고 하면 앞길이 훤히 보이는 그런 세상이었다. 시쳇말로 출셋길을 열어 놓고 오라는데도 초야에 묻혀 정치와 관직을 멀리했었다. 그러기에 후대까지 그 이름이 전해 오는데, 본받아야 할 대상으로 우리네 가슴 한 모퉁이에 아련히 남아 있는 사람이다.

그런데 600여 년이 지난 21세기에도 이런 은자들이 있다니…. 일인지하一人地下 만인지상萬人地上이라는 재상자리가 그렇다. 많은 이가 하지 않겠다는 것이다. 이는 자신을 세상에 드러내지 않겠다는 사람들이다. 다시 말해 현대판 은자이다. 초야에 묻힌 채 시정에 몸을 들여 놓지 않겠다는 것이다. 헌데 이들이 고사하는 이유는 조선 초 삼은자三隱者와는 사뭇 다른 것을 볼 수 있다. 그 자리에 앉고는 싶으나 앉겠다고 하면 현재까지 쌓았던 나름의 명성이 무너지고, 보이고 싶지 않던 치부가 세상에 알려지기 때문이다. 이들의 속내를 보면 자리는 탐이 나지만 허물은 보이기 싫어 후자를 택한 현대판 은자隱者들이 많다는 것이다.

재상도 그렇고 장관도 그런 경우가 많다고 하니 세상은 맑아지고 있나 보다. 이렇게 현대판 은자들이 있는가 하면, 물론 요즘도 조선 초기의 은자보다 더 고결한 기품을 가진 참 은자가 없는 것은 아니다. 그렇다. 세상에는 보이지 않지만, 부정보다는 긍정인이 많고, 나쁜 사람보다 좋은 사람이, 자신보다는 국가와 사회를 생각하는 사람이 더 많기에 인류는 진일보하고 밝은 세상으로 만들어져 가는 것이다.

자효란 말이 있다. 닭은 닭소리만, 돼지는 돼지소리만을, 개는 개소리만 낸다는 것이다. 다시 말해 동물은 자기만의 독특한 소리를 가지고 있다. 공직자도 모름지기 공직자만이 가지고 있는 특별한 생각과 소리가 있어야 한다. 저 아래 하위직에서 재상에 이르기까지 아니 용상에 이르기까지 국가의 부름을 받고자 하는 사람이라면 모름지기 스스로의 허물을 만들어가서는 안 된다는 것을 국민들이 국민이란 이름으로 보여주고 있는 것이다.

기회는 항상 가면을 쓰고 우리에게 나타나기에 이런 것을 계기로 공직이 한결 부드러워지고 맑은 물이 되어야 할 것이다. 현대판 가짜 은자들을 보면서 창랑滄浪에 물이 맑으면 국민들은 거기에 발을 담그지 않고, 깨끗한 갓끈을 씻을 것이라는 나름의 소망을 가져 본다.

치수治水, 함께해야 할 일

태풍과 홍수의 피해는 예나 지금이나 막대하다. 조선 500년 27명의 왕 중에 재위 기간이 가장 길었던 임금은 영조이다. 그는 선정을 펼쳤으나 유독 홍수의 피해가 많았다. 《영조실록》을 보면 즉위 4년 무신년 여름이었다. 새벽 빗소리를 듣고 잠에서 깨어난 영조가 신하들에게 '내가 덕이 부족하여 4년간 홍수에다 가뭄과 기근이 들었다. -중략- 가을이 아직 먼데, 중간에 홍수와 가뭄을 예측할 수 없다. 추수철이 다가오는데, 찬비가 내려 장마가질 줄 누가 안단 말인가? 내가 부덕하여 하늘을 감동시키지 못해 이런 흉한 일들이 생기는 것 같다. 만약 스스로

반성하고 힘쓰는 일이 없다면 어떻게 하늘을 감동시키랴. 마땅히 내 몸부터 시작해야 할 것이다' (영조실록 4년 7월 27일)라는 기록이 있다.

중국도 요순시대부터 치수가 곧 정치의 근간이었다. 인간의 삶 한 가운데서 물은 생명수가 되기도 하고 때론 화마보다도 무서운 수마로 표현되면서 인간과 함께 역사를 만들어 왔다. 그리고 지금도 그렇게 이어 가고 있다. 요순제 다음으로 우가 황제가 된 것도 치수를 잘했기 때문임을 역사를 통해 알고 있다.

장마철, 언제 어떻게 물이 우리를 괴롭힐지 아무도 아는 사람이 없다. 다만 문명의 이기로 비가 축복이 되기도 하지만 악마의 저주가 되기도 한다. 비가 어디서 만들어지고 언제쯤 어디서 얼마가 내릴 것이란 정도의 예측만이 가능할 뿐이다. 동서고금 어느 나라에서도 물난리를 걱정하지 않는 국가는 없다. 더구나 나라를 다스리는 통치자는 더더욱 그러하다. 작금의 우리 현실도 매년 물로 인한 피해가 수조원에 이른다. 그것도 해마다 반복되니 치수에 관심이 없는 통치자는 그 자리 자체에 앉을 수 없음이 자명한 사실이다.

그런데 이 치수와 관련하여 나라가 시끄럽다. 4대강 사업을 두고 하는 말이다. 통치자는 물을 잘 다스려 국민의 피해를 줄여야 한다는 것이고. 반대쪽 사람들은 물 다스림은 자연의 순리에 맡겨져야 한다는 것이 주장의 핵심인 것 같다. 어느 쪽이든 틀린 말이 아님을 모르는 이는 없을 것이다. 다만 무엇이 우선되어야 하느냐가 문제일 뿐이다. 치수는 수천 년 전 중국의 황제도, 수백 년 전 우리의 임금도 걱정했으며 지금의 통치자도 또한 같다. 그리고 더 확실한 것은 수백 년 후 아니 수천 년 후 우리별 지구가 존재하는 한 똑같은 걱정을 반복해야 한다는 사실이다.

그러기에 마냥 팔짱을 끼고 걱정만 해서 될 일이 아니다. 우선 눈앞의 인명과 재산의 피해를 줄이고 부차적으로 자연에 순응하는 생태적인 보완책이 필요하다. 그리고 시공을 초월하여 이쪽이든 저쪽이든 같이 살아가야 함을 잊는 우를 범해선 안 될 것이다. 서두르다 그르쳐서도 안 되지만, 더 소중한 것을 머뭇거리다 놓쳐버려 되돌릴 수 없음을 안타까워해야 할 때가 있기 때문이다. 그리기에 국민 모두가 함께하는 지혜가 필요한 이유이다.

어느 판사의 죽음을 보며

지난 7. 31일 대구의 부장판사가 우울증에 시달리다 투신했다는 기사가 많은 국민에게 충격을 주었다. 그는 판사가 만능이 아니며 직업병에 시달리고 있다는 사실을 인터넷을 통해 이야기하기도 했다. 그래도 대한민국이란 울타리 안에서 판사라는 직업은 많은 사람이 선호하는 직업이 아니었던가? 그런데 웬 직업병이라니? 뭇사람들이 의문을 가지는 것도 이상하지 않을 것이다.

옛날 일이 생각났다. 80년대 초 새내기 공무원 시절이었다. 농촌지역의 어느 판사는 절도범을 잡아 재판에 부치면 무조건 석방을 하였다. 이유는 큰 사건이 아니라는 것이었다. 그러던 어느 날 판사가 거주하던 관사에 도둑이 들어 돈 될 만한 것은 모두 훔쳐 가버렸다. 그때부터 이 판사는 절도범(도둑)에 대해서는 형량이 허락하는 한 중형을 선고했다는 이야기가 회자되기도 했다.

이런 판사에게 도둑맞은 사람들은 판사의 판결이 늘 불만이었고, 도적의 입장에서 보면 고마운 판사였으리라. 검은 안경을 끼면 세상이 검게 보이고 노란 색깔의 안경을 끼면 세상이 노랗게 보인다. 그래서 세상은 그 사람의 보는 관점에 따라 다르게 나름의 색깔로 채색되는 것이다.

살인의 현장을 늘 접하는 수사관들은 그 참혹한 현실을 볼 때마다 살인범은 어떤 경우라도 사형에 처해야 한다는 사형 존치론자이다. 그리고 형장의 이슬로 사라지는 사형수의 마지막을 지켜보는 사형집행자는 사형폐지론자이다. 아무리 극악한 살인범일지라도 인간의 숭고한 생명을 끊는 행위는 하지 않아야 된다는 주장을 하게 된다. 이렇듯 모두가 세상을 어떤 입장에서 보느냐가 그만큼 중요하다는 이야기이다.

생을 접어야 할 만큼 업무로 인한 스트레스가 주요 원인이 되었다면 이 또한 뒤집어 보아야 할 일이다. 그만큼 직업에 충실했다는 것이 아니겠는가? 그는 열사람의 죄 있는 자가 처벌되지 않더라도 죄 없는 한 사람이 무고하게 처벌되는 것을 가슴 아파하며 직업에 임했으리라는 추측은 무리가 아닐 것이다.

지금 보이지 않는 곳에서 자기의 직분을 다하는 많은 공직자들이 있다. 이들이 우울증이라는 마술에 걸리지 않았을 뿐이지 맡은 일에 대한 가슴앓이를 하고 있다. 아마 그 수위가 조금 다를 뿐이다. 그런데 확실한 것은 공직자는 국민을 위해 자기가 맡은 일에 최선을 다해야 한다는 것이다. 국민을 위하여 일을 하되 어떻게 하는 것이 더 많은 국민을 위하는 길인가를 두고 선택해야 할 때가 있다. 그럴 때 우울증에 걸리도록 고뇌하는 공무원이 많아져야 한다. 이런 공무원이 많아진다는 것은 뒤집어 보면 우리 대한민국의 희망을 보는 것이 아니겠는가? 국민들은 고뇌하는 공무원을 믿을 것이다. 삼복의 폭염도 아름다운 가을의 결실을 위해 필요하듯이 가슴앓이 하는 공직자가 많아져야 한다. 그것은 행복한 대한민국의 바로미터이기 때문이다.

예산! 조기 집행만이 능사가 아니다

　정부는 예산의 조기 집행을 독려하고 있다. 그 이유는 일자리를 만들고 실업률을 줄여 어려운 경제사정을 극복하기 위해서라고 한다. 그 방법이 침체에 빠진 경제를 살리는 길이라고 판단하고 있기 때문이다. 그리고 예산을 조기 집행한 기관에 대해서는 인센티브를 주는 등 조기 집행을 유도하고 있는 것이다. 이에 따른 순기능도 있지만, 역기능 또한 간과해서는 안 된다.

　기관마다 조금씩 차이는 있으나 연간 예산의 70~80%가 전반기인 6월 이전에 집행되고 있어 여러 가지 문제점이 노정되고 있다.

첫째, 후반기에는 정부예산이 없어 정부 사업을 하는 업자들은 손을 놓을 수밖에 없어 많은 종사자들이 후반기에는 일자리를 잃을 것이 예상된다.

둘째, 업자들의 일거리가 없다는 것은 정부 예산을 집행하는 해당부서의 공무원들도 놀 수밖에 없는 현실 아닌 현실이 되고 있다.

셋째, 어떤 사업의 시행이 결정만 되면 공사비를 쏟아붓는 바람에 부실 공사의 단초가 되기도 하며,

넷째, 공사비를 일시불로 결제하는 관계로 공무원과 업자 간의 유착이 발생하는 등 역기능이 만만치 않은 실정이다.

과유불급過猶不及이란 말이 있다. 넘치는 것이 모자라는 것만 못하다는 말이 이럴 때를 두고 하는 말이 아닌가 싶다. 시간과 장소, 사업의 성격에 따라 조기집행의 필요성이 있는지를 검토 판단하여야 한다. 그리고 선택과 집중의 묘를 살려야 하는 것이 정부예산 집행의 요체다. 정부

예산의 집행은 결과적으로 국민의 세금으로 이루어지는 것이기에 어떤 것이 국민을 위하는 길인지 고민하고 또 고민해야 하는 이유이다.

먼저 집행된 사업에 대해서는 어떻게 되돌릴 수 없다고 하더라도, 하반기의 일자리를 고민해야 한다. 또한 일괄 집행으로 인한 문제점을 찾아 보완하는 등 최소한의 책무를 다해야 할 것이다. 그리고 정부에서는 다음 해에는 어떻게 하는 것이 예산집행의 효율성을 높일 수 있을 것인지 머리를 맞대고 고민해야 한다. 국민에게 안정된 일자리를 만들어 주는 것이 정부의 책무이기 때문이다. 국민들은 정부가 전시행정의 표본인 탁상행정을 하는 것인지, 진정 서민들의 어려움을 헤아려 안정된 일자리를 만들어 주는지를 지켜보고 있다. 그리고 그 판단은 국민들이 할 것이다.

KTX 완전 개통의 명암

경부고속철도가 11월 1일 서울에서 부산까지 완전 개통된다. 완행열차로 6~7시간 걸리던 것이 2시간대로 단축되니 격세지감이란 말이 맞는 것 같다. 그런데 새로운 고속철 시대를 맞으면서 명明과 암暗이 혼재되어 있다. 1992년 6월 첫 삽질을 한 후 19년 동안 총 사업비 20조 7,300억 원이 투입되어 서울~대구 1단계가 완성되었다. 그 후 서울~부산을 잇는 2단계 공사가 마무리 되고 11월 1일 대망의 첫 운행이다. 단군 이래 최대의 국책사업이고 한반도 자락이 바로 일일 생활권에 접어드는 것이다.

이번 경부고속철도 완전 개통으로 서울~부산 간 여객 수송능력은 3.4배, 화물 수송능력은 7.7배가 증가한다고 한다. 부수적으로 환경보호, 교통 혼잡의 해소, 물류비용의 절감 등 부대효과가 기대되고 있다. 반면, 1단계 서울~대구 개통에서 국내선 항공수요가 줄어들었다. 2단계 개통으로 항공사에는 부산·울산·포항공항이 생사의 기로에 서게 되지 않을까 염려하고 있다. 더하여 부산 울산 경주, 포항에서 서울로 운행하던 장거리 고속버스가 타격을 입게 될 것이란 전망이 나오기도 한다. 혹자는 영남지역 큰 자금이 서울로 빨려드는 경제의 블랙홀 현상을 우려하기도 한다.

그러나 세계는 빠름과 작음의 전쟁이다. 다시 말해 빠르고 작아지는데 역행하면 살아남지 못하는 틀 속에 갇혀있는 것이다. 역逆으로 이 속도와 축소의 전쟁에 앞장서게 되면 바로 선진국의 증표가 되기도 한다. 예로 축소지향의 일본인들이 세계에서 선진국으로 자리매김하게 된 것도 바로 이 작음과의 전쟁에서 이겼기 때문이다. 그리고 신간선 고속열차 또한 빠름의 상징이다. 어저께는 중국도 시속 400㎞가 넘은 세계에서 가장 빠른 고속열차를 운행하게 되었다며 뉴스거리를 제공하기도 했다. 그러기에 우리는 경부고속철도의 완전 개통에서 어두운 면을 일소하고, 긍정의 힘을 믿고 빨리 적응해야만 한다. 바로 경부고속철도의 완전 개통도 이 빠름의 전쟁에 한발 다가서는 것이기 때문이다.

세상은 이렇게 촌음을 다투며 빠르게 변하고 있다. 그러나 부산에서 서울까지, 서울에서 부산으로 하루 종일 완행열차를 타고 산천을 구경하며, 역驛마다 정차를 하고 기적소리를 들으며 여행하던 시절이 그립기도 하다. 그느림과 여유롭던 시절이 꿈만 같은 것은 무슨 연유에서일까? 빨리 변해버린 세상 때문만은 아닐 것이다. 아프리카의 원주민은 말을 타고 달리다가도 멈춰서곤 하는데이는 '뒤따르던 영혼이 따라오지 못하기에 함께 가기 위해서'라고 한다. 그리고 티벳의 셀파들도 쉬기를 걷는 것처럼 하는 것이 일상화되어 있다. 삶의 굽이굽이 아날로 그의 느림도 필요함은 인정해야 한다. 하지만 우리는 고속전철을 이용해야만 하고 그들처럼 여유로움만을 즐기기엔 디지털 시대의 선도국으로 너무 빠른 세상 앞에 서 있다.

청문회를 보면서

청문회는 속내를 감춘 채 입으로 말하고 입으로만 답한다. 국민 앞에 능력과 자질을 검증받은 8.8개각 관련 국회 청문회가 시작되어 국정에 관심 있는 국민의 시선을 집중시키고 있다. 그런데 그 과정을 지켜보노라면 우리가 무관심하게 내뱉은 말 한마디가 얼마나 중요한 것인가를 새삼 느끼기에 충분하다.

당나라가 망하고 송나라가 세워질 때까지 다섯 왕조가 있었다. 곧 후당后唐 후량后梁 후주后周 후진后晉 후한后漢 5대五代를 일컫는다. 그때 풍도란 사람이 있었다. 그는 당나라

말기에 태어났으나 당나라가 망한 뒤 후당后唐 때부터 입
신하여 재상을 지냈다. 그는 다섯 왕조에 걸쳐 여덟 개의
성을 가진 열 명의 임금을 섬겼을 정도로 처세에 능한 인
물이었다. 풍도는 혼란한 시기에 73세의 장수를 누리며
처세관을 담은 글을 많이 남겼는데 그 중 하나를 보면

口是禍之門구시화지문　입은 재앙을 불러들이는 문이요
舌是斬身刀설시참신도　혀는 몸을 자르는 칼이로다
閉口深藏舌폐구심장설　입을 닫고 혀를 깊이 감추면
安身處處宇안신처처우　가는 곳마다 몸이 편안하리라

　전당서全唐書 설시舌詩에 나오는 구화지문口禍之門 즉 입
은 모든 재앙의 문이란 뜻이다.

　청문회를 보노라니 질문하는 사람은 마치 왕이 신하에
게 묻고 나무라는 것 같아 씁쓸하기도 하다, 하기야 국민
을 대표해서 질문하는 것이니 왕처럼 물어도 괜찮을 수
도 있다고 너그럽게 생각할 수도 있다. 그리고 답하는 사

람 또한 어떠한가? 보기에 따라 너무나도 우유부단하고 답답하다. 저런 사람이 국가를 이끌어갈 장관이 되어 무엇을 할 수 있겠는가를 의심할 수밖에 없는 사람도 있다. 이는 청문회란 것이 특별한 하자가 없으면 지나가는 과정, 즉 청문회의 순간만 넘기면 된다고 생각하고 있는 것 같다. 똑똑하게 자기 주관을 확실하게 피력하면 서로가 피곤하기 때문일까?

유독 이번 청문회에서는 한 마디 말이 청문회장을 뜨겁게 달구는 것이 어느 청문회와 좀 다른 것 같다. 혹자는 이번 청문회를 '죄송' 청문회라고 할 정도로 죄송과 송구가 답변의 핵심이 되었다고 한다. 그리고 위장전입은 많은 사람들이 해당되어 아예 큰 하자가 아닌 걸로 치부되어 버린 것 같아 씁쓸하기도 하다. 그것은 자녀 교육 때문이란 이유 앞엔 질문자나 답하는 사람이나 모두가 수긍해 버리는 듯한 인상을 지울 수 없는 것은 무엇 때문일까? 어느 사람은 맹모삼천지교孟母三遷之敎에 견주어 맹모는 자식의 교육을 위해 세 번이나 이사를 해도 거짓 이사가 아니었다. 묘지, 시장, 서당 옆으로 실제 이사를 했는데 청문회 대상자들은 진짜 자식 교육을 위해 가짜 이사를 했다는 비아냥이 나온다. 단순히 국민의 교육열이라고 덮어 두기에는 무언가 씁쓸함이 남는다. 그것을 좋게 보면 부존자원 하나 없는 작은 땅덩어리에서 세계 속의 주역으로 자리 매김하는 원천이 되었기 때문일까? 누구나 큰 잘못이 아닌 걸로 답하고 봐주는 것 같은 분위기로 보이는 것은 나만의 시각인가? 언행言行 일치는 성자에게나 바라는 차원 높은 기대치라고 덮어 두기에는 시대가 많이 변했다. 공직자는 평소 말과 행동을 각별히 하라는 메시지가 이번 청문회에 담겨 있다,

똑같은 말 한마디가 때에 따라 독이 되기도 하고 약이 되기도 한다. 그래서 옛사람들은 그저 입을 무겁게 말수를 적게 하는 것이 더 좋은 것이라는 의미의 교훈을 남겨왔다. 그러나 아무리 세월이 흐르고 시대가 변해도 변하지 말아야 할 것은 있다. 입이 무거운 것도 좋고 자기 주관을 확실히 하는 것도 좋긴 하지만 맡은 업무에 대한 뚜

렷한 정견이 있어야 한다. 그리고 자신의 신상에 대한 허물의 유무를 검증받는데 주저함이 있어서는 안 된다. 그것이 청문회의 이유이기도 하다. 그런데 이번 청문회를 보면서 입은 재앙을 불러들이는 문이요, 혀는 몸을 자르는 칼이며, 혀를 깊이 감추면 가는 곳마다 몸이 편안하리라는 옛글이 가슴에 와 닿은 것은 무슨 연유일까? 앞으로 고위 공직자이든 말단 공무원이든 국민을 섬겨야 할 자리에 있는 사람은 평소 근신하고 자신을 돌아보라는 가르침을 다시 한 번 가슴에 새겨야 한다.

이웃사랑, 수은주 따라 떨어져서는 안 된다

눈 소식과 함께 수은주가 곤두박질하는 연말을 눈앞에
두고 있다. 연말을 맞으면 시선을 끄는 것은 교회와 길거
리에 크리스마스트리가 보이고 구세군의 자선냄비 종소
리가 들린다. 이렇게 연말이 찾아오면 독거노인, 소년소
녀가장, 병마와 싸우고 있는 어려운 이웃이 생각난다. 이
들에게 우리는 작으나마 정을 내고 세상은 춥더라도 마
음만은 따뜻하게 가져야 한다. 그러기 위해 이웃사랑에
손길을 모으고 이들에게 작은 마음을 나누어 왔다. 그러
나 올해는 유난히 이웃사랑의 수은주가 기온만큼 떨어지
고 있다. 모두의 관심이 다시 한번 필요한 때이다.

연말에 이웃을 돕는 단체는 여러 곳이 있다. 그 대표적인 단체가 사랑의 열매로 표현되는 사회복지공동모금회이다. 연말 모금회에서는 목표를 정하고 모금액은 수은주가 달린 온도계로 표시한다. 사회복지공동모금중앙회의 금년 모금 목표는 2,242억 원이나 29일 현재 55°인 1,232억 원이 모금되었다. 대구모금회는 목표 32억 원에 31.2°인 10억 원이 모금되었다. 한편 경북모금회는 90억 목표에 40.5°인 36억 4,771만 원이 모금되는 등 그 온도가 예년에 비해 턱 없이 낮은 실정이다.

대한민국 대표 모금회가 이럴진대 여타 모금단체는 말할 것도 없다. 물론 나름의 이유가 있다. 사회복지공동모금회의 간부들이 모금액 유용 및 부정사용이 세상에 알려진 것도 모금에 영향을 미치고 있다. 이차에 모금단체에서는 투명성, 공정성, 윤리성, 사명감 확보에 한 치의 허술함이 있어서는 안 된다. 그것은 기부자인 국민들의 고귀한 뜻을 대신 집행해주는 것임을 잊지 않아야 하며 이것이 확보되었을 때 아름다운 기부 문화의 격이 높아질 수 있기 때문이다.

  우리는 OECD 및 G20이란 지구상의 선진그룹에 가입
되어 있다. 그리고 의장국까지 하고 있는 지금 선진국이
란 문턱에 막 진입한 상태라고 한다. 그 선진국의 지표에
는 경제도 중요하지만 그 외에 여러 가지 지표가 있다.
그 나라의 국민성과 문화도 있고 그중에 아주 중요한 것
이 바로 기부이다. 그러나 우리 기부문화의 수준은 낮고
가진 자의 책무(노블리스 오블리제)와 배려의 축은 아직
선진국 수준에 미치지 못하고 있는 것이 사실이다. 다시
말해 잘벌어 잘먹는 것만으로는 선진국이라 말해 주지도
않고, 그렇게 말할 수도 없는 것이다.

  우리는 다른 민족이 가지고 있지 않은 여러 가지 장점
을 가지고 있다. 그 중에서도 어려울 때 함께하는 풍습과
그 근원인 가슴이 따뜻한 우성적인 피를 유전해 오고 있
다. 행복을 알지 못하는 사람은 기부를 가진 자의 여유로
믿고, 행복을 아는 사람은 기부를 있는 자의 의무로 알고

있다. 더불어 살아가는 사회에서 작은 배려와 나눔이 얼마나 큰 행복임을 아는 지혜가 필요한 때가 바로 지금이다. 계절이 세상을 꽁꽁 얼게 할지라도 어려운 이웃에게 전할 따뜻한 우리 가슴의 수은주가 떨어져서는 안 된다.

4부

그랬으면 좋겠다

독도 이대로 좋은가?

독도의 명칭은 우리말로는 독도, 일본어로는 죽도, 다케시마이다. 그런데 이 독도가 심심하면 한·일 관계 시빗거리로 등장해 국력을 소진시키고 자존심에 상처를 입히고 있다. 국민 누구나 독도를 이대로 보고만 있어야 하는가를 두고 깊은 고민에 빠지기도 한다.

일본은 독도 말고도 중국과도 영토문제로 시빗거리를 만들고 있다. 동 중국해 남서쪽에 위치한 조어도釣魚島. 일본명으로는 댜오위다오 섬이 그것이다. 면적 7㎢의 무인도로 1863년 청나라가 제작한 세계지도에는 중국의 복건

성福建城에 속했다. 그 후 1895년 청·일 전쟁 중 일본이 댜오위다오를 포함한 대만을 침공, 점령·통치하여 자기네 땅이라고 주장하고 있다. 그리고 태평양 전쟁 이후 러시아에 귀속되어 있는 쿠릴열도 남부의 이투루프 섬 등 4개 섬과 관련하여 러시아와도 분쟁 중에 있다. 다시 살펴보면 일본은 주변 3개국 즉, 한국·중국·러시아와 영토분쟁을 하고 있는 것이다.

그럼 일본이 왜 이렇게 작은 섬을 가지고 국가 간의 마찰을 유도하고 에너지를 쏟는지 알아야 한다. 그리고 이에 대비하기 위해서는 일회성이 아닌 꾸준한 노력과 국민 모두가 한 마음으로 대응해야 함을 간과해서는 안 된다. 그 이유는 열거하지 않아도 누구나 알 수 있는 것이다. 작은 섬 하나가 자국의 영토가 되면 그 섬을 기준으로 대륙붕 등 국가 간의 경계가 되기에 많은 자원을 확보할 수 있다. 다시 말해 영토가 그만큼 넓어지기 때문이다. 이렇게 독도가 소중함에도 우리의 대처 수준을 보면 어쩌면 너무나도 미온적이다. 그리고 즉흥적이다. 냄비에 물 끓듯이 그때만 호들갑을 떨고는 잠잠해지는 행태를 우려하고 있는 것이다.

이런 상황을 지켜보면서 우리 독도가 갑자기 외로운 섬으로 다가오는 것은 무엇 때문일까? 독도는 문헌상이나 실효적 지배가 대한민국에 있음에도 아직까지 일본은 독도에 대한 미련을 버리지 않고 자기네 영토라고 주장하는 일본인들의 속내를 어찌 모르겠는가? 그러나 독도가 우리의 실효적 지배에 있다고 대처에 한 치의 소홀함이 있어서는 안 된다. 일본이 독도에 대한 대처는 이렇다.

한국군사문제연구원 배수진 연구원이 밝힌 일본의 독도 탈취 계획을 보면
1단계, 한국의 실효적 점유효력을 상쇄시키고 명분 축적을 위해 영유권을 계속 주장한다.
2단계, 유엔안전보장이사회 상임이사국 진출 등 여건 조성에 적극 나선다.
3단계, 일본은 독도 문제를 유엔총회에 상정한다.

4단계, 군사위기를 야기한 후 유엔안보리의 개입을 유도하는 등 국제 분쟁화를 시도한다.

5단계, 독도 문제를 국제사법재판소에 회부한다.

6단계, 한·일간 군사 분쟁을 일으킨다.

는 단계적 대응책을 추진하고 있다.

일본의 이런 저의에는 러시아와 중국의 분쟁지역 해결을 위해서 먼저 독도 문제를 해결하면 나머지 분쟁지역의 해결이 수월하리라는 계산도 깔려 있다.

그리고 일본이 심심하면 독도 문제를 끄집어내는 것은 나름의 이유가 있다. 그것은 현재 독도가 국제법상으로 대한민국의 영토로서 인정을 받지 못하고 있기 때문이다. 외통부의 발표에 의하면 세계지도의 1.5%만이 독도를 한국 땅이라고 표기하고 있을 뿐이다. 그리고 한국 관할 일본영유권 주장이 1.0%이며 어느 누구의 땅이라고 표기하지 않은 것이 92.7%이다. 또한 분쟁지역 2.8%, 일본 땅으로 표기한 지도가 1.4%, 기타 0.6%이다. 그럼 우리는 어떻게 해야 되겠는가? 독도가 국제법상 대한민국의 영토로 인정될 수 있는 제반 여건을 조성해 가는 것이 무엇보다 중요하다. 여기에는 너와 내가 따로 있을 수 없다. 그리고 보다 중요한 것은 감정적 차원의 대응은 아무런 도움이 되지 않음을 향상 염두에 두고 차분히 대처해야 한다는 것이다. 왜냐하면 독도! 그것은, 영원한 대한민국 영토이고 우리 후손의 것이기 때문이다.

무無체벌과 무無교권

군사부일체君師父—體란 말이 있다. 임금과 스승, 부모는 존경의 대상으로 그 격이 같다는 것이다. 쉬우면서도 어려운 말이다. 임금과 스승, 어버이는 그 그림자도 밟지 않는다는 말로 존경을 넘어 신앙 같은 대상이었다. 그러나 작금의 현실을 보면 이런 말이 책갈피 속에 묻힌 지 오래 되었구나 하는 아쉬움이 앞서는 것이 나만의 생각일까?

지난 18일에는 인터넷 포털 사이트에 '개념 없는 중딩'이란 제목으로 올라온 동영상이 있었다. 내용은 남녀 중

학생들이 여 선생님에게 그것도 수업시간에 질문하는 내용은 이러했다. 첫 키스는 언제 했느냐? 첫 경험은? 초경은 언제 했느냐? 등 믿기지 않은 질문을 한다. 더 가관인 것은 선생님의 꾸지람에 농을 거는 등 꿈같은 이야기가 현실임이 확인되었다. 한편 20일 경기 모 고등학교 1학년 학생이 수업시간에 교재를 가져오지 않은 것을 훈계하는 과정에서 일어난 일이다. 선생님이 학생부로 가자며 학생의 어깨를 잡을 때 학생이 주먹으로 선생님의 얼굴을 때리고 발로 허벅지를 걸어차는 말도 안 되는 일이 발생했다.

학교는 가르치고 배우는 곳이 아닌, 글자 그대로 배우고 가르치는 곳이다. 즉 가르침보다 배움, 다시 말해 스승에 대한 존경이 우선시되는 신성한 곳이다. 배움에는 지식이 중요하다. 그러나 그보다 더 소중하고 깊이 있게 다루어져할 것이 바로 지혜이다. 이 지혜는 배우려는 자세가 되어 있지 않은 사람에게는 소나기처럼 쏟아 부어도 비옷을 입었을 때 속옷이 젖지 않은 것과 진배없다.

필자의 학생 시절은 교장선생님이 허리춤에 아예 회초리를 차고 다니셨다. 학생의 잘못이 있어 매를 맞을 때에는 엉덩이가 부어올랐으며, 손바닥은 붉은 멍이 들 때도 있었다. 매를 맞고 귀가했을 때는 부모님에게 행여 들킬세라 전전긍긍했었다. 간혹 부모님이 학교에서 매 맞은 사실을 아시면 자식에게 그 책무를 다하지 못했음에 대한 나무람이 먼저였다. 그리고 선생님에게는 자식을 잘 챙기지 못했음에 죄송해 했던 아련한 추억이 있다. 그때 체벌이 잘 된 것이라는 이야기는 물론 아니다.

그러나 선생님이 학생에게 배움과 관련된 나무람에 학생이 반기를 들고 조롱과 폭력을 행사한다면, 어떤 방법과 말로도 용서되지 않는 것이다. 이런 사실은 그 시점에 선생님과 학생의 문제로만 인식하고 덮어 두는 것은 바람직하지 않다. 지뢰밭을 지나면서 내가 밟지 않았기에 다들 괜찮다며 지나가기를 바라는 것과 진배없다. 이런 웃지 못하고 말하기도 부끄러운 현실들은 나쁜 선동꾼이 사용하는 포퓰리즘이 교육의 현장까지 젖어들었기 때문이다. 무체벌이 교육의 이상인양 몰아가는 현실 앞에 서글퍼지기도 한다.

　물론 그런 학생이 대다수가 아니고 인기에 영합하는 선생님 또한 대부분이 아니다. 그러나 솜의 한 가닥이 물에 젖으면 슬며시 온 솜덩이가 물에 젖듯이 그런 학생, 그런 선생님이 극히 소수이지만 경계해야 할 대상이고 이유이기도 하다. 이런 때에 교육당국과 관련 기관에만 모든 책임을 전가해서는 안 된다. 체벌만이 능사가 아니지만 매 없는 학교 또한 배움의 천국은 결코 아니다. 교권이 없는 곳에서 참 인재를 바라는 것은 씨앗을 뿌리지 않고 열매를 기다리는 것과 다르지 않다. 무無체벌이 무無교권이란 등식 또한 아니다. 그러나 어떤 방법이든 교육현장에 교권이 필요한 때이고 모두가 고민해야 할 일이다. 그러기 위해 지금은 학교보다 가정이 먼저 자식 사랑의 매를 드는 유有체벌의 유有가권을 찾아야 할 때이다.

술 취한 범죄꾼

최근 범죄자 중 30%가 술 취한 상태에서 범죄를 저지른다고 한다. 그런데 중요한 것은 이렇게 술 취한 상태에서 범죄를 저지르면 그 형을 기준보다 감경해 준다는 것이 현실적이지 못하다는 것이다. 법은 범죄자의 행위보다 무겁게 처벌하는 것과, 행위보다 가볍게 처벌하는 것을 경계하기 위한 양형의 기준을 정해놓고 있다. 그리고 범죄 발생을 억제하는 예방기능도 포함된 것이 법法의 정신이기도 하다.

형법 제10조 심신장애자心神障碍者 ① 심신장애로 인하

여 사물을 변별할 능력이 없거나 의사를 결정할 능력이 없는 자의 행위는 벌하지 아니한다. ② 심신장애로 인하여 전항의 능력이 미약한 자의 행위는 형을 감경한다. 라고 하여 술 취한 자의 범죄는 제②항을 적용해 형을 줄여준다는 것이다. 다시 말하면 술 취한 상태에서 죄를 지으면 시쳇말로 '좀 봐준다'는 것이다.

매일 술과 관련된 범죄가 수만 건씩 발생한다. 어저께는 버스 종점에서 술 취해 잠든 승객이 운전기사가 깨운다는 이유로 망치로 운전자를 10여 분간 만신창이가 되도록 폭행한 사건이 있었다. 사건의 유형은 여러 가지다. 친구와 술자리에서 사소한 시비가 되어 술병으로 친구를 살해한 사건도 있었다. 전주에서는 알코올 중독자가 교도소에서 출소하자마자 일을 저질렀다. 술집에서 함께 술을 마시던 일행 2명과 단순한 시비가 되어 흉기로 살해하는 등 술 취한 사람으로 인한 범죄가 많이 발생하고 형태도 날로 흉포화되고 막가파식 범죄로 이어지고 있는 것이 현실이다.˙

특히 강력 범죄 중 살인 40%, 강간 35%, 폭력 36%가 술 취한 상태에서 야기된다고 하니 더욱 염려스럽다. 이런 현상이 나타나는 것은 결과적으로 술 취한 자의 죄를 감경해주는 것 때문이 아닌지 고민해야 할 때가 되었음을 말해주고 있다. 이는 본래 법의 취지에 반하는 것이 아닌가 생각된다. 즉 우측 깜빡이를 넣고 좌회전 하는 모양새이고, 우측통행을 해야 하는 곳에 좌측통행을 하는 격이 되고 있다. 심신미약자의 범주에 술 취한 자를 포함한데서 기인한다. 다시 말해 시대변화에 법이 뒤따르지 못한 결과라고 유추할 수밖에 없다

그래서 미래학자 엘빈 토플러는《부의 미래》에서 시대변화에 가장 빠르게 변화하는 것이 기업으로 100마일의 속도로 적응이 가장 빠르다고 한다. 그 다음에 관료가 25마일, 정치가 3마일, 법이 1마일이라고 한다. 다시 말해 법이 가장 느린 속도로 변화한다고 주장했다. 법은 새로운 범죄 발생에 대비하여 법을 제정해 놓고 범죄 발생 시 단죄할 수 없는 태생적인 취약점이 있다. 즉 사회 변화에

따라 새로이 생기는 범죄를 벌하기 위해 어쩔 수 없이 뒤쫓아 법을 제정해야 하는 원초적인 한계가 있음도 우리는 인정해야 한다. 그러나 작금의 현상을 보면 법이 변화에 순응하는 속도가 느려도 한참 늦다는 사실을 모두가 인정해야 한다.

술 취한 자의 범죄가 모든 범죄의 30%나 된다. 그리고 갑자기 생겨난 범죄가 아닌 오래전부터 알고 있는 범죄이다. 이런 음주관련 범죄를 계속 감경해 주어야 하는지는 국민 모두가 고민해야 한다. 그리고 관련 학자와 법을 제정하는 의원도 가슴앓이를 해야 할 시점에 도달했음을 말해준다. 왜냐하면 계속 방관할 시 국민 모두가 피해자가 될 수 있기 때문이다. 중요한 것은 우리나라가 법이 지배하는 법치사회임을 잊는 우를 범해서는 안 될 것이다.

외규장각도서 귀환의 의미

외규장각도서 297권이 돌아온다. 집나간 지 145년 만
이다. 이와 관련 연일 언론이 기사를 쏟아내고 있다. 외규
장각이란 1781년 정조가 강화도에 보관했던 왕실 행사와
관련된 서책이다. 행사와 관련된 사항을 글과 그림으로
정리한 조선왕실의궤 등 왕실관련 천여 권의 도서를 보
관했는데 이 자료가 1866년 병인양요 시 프랑스군에 의
해 약탈되고 일부는 소실되었다.

훔쳐간 것은 응당 주인에게 돌려주어야 하는 것이 동
서고금을 막론하고 사람 사는 사회의 기본이다. 그런데

프랑스에서는 원 소유주인 대한민국에 돌려주는 것이 아니라 대여하기로 했다. 다만 대여 기간을 5년으로 하며 계속 연장을 할 수 있게 하여 결과적으로 우리에게 영원히 돌아오는 모양새를 갖춘 것이다. 훔쳐갔다는 것에 대한 죄책감 때문인가? 도적이 훔친 물건을 주인이 알고 돌려주기를 요구하면 잘못을 인정하고 돌려주어야 함이 마땅하다. 하지만 주인에게 그냥 돌려주지 않고 영구임대 형식이라니 왠지 씁쓸하기만 하다. 그러나 20년간의 줄다리기 협상에 종지부를 찍어 국민들의 마음을 후련하게 한 일면도 분명 있다.

과거에 이들이 우리의 문화재를 약탈해 갈 수 있었던 것은 힘없던 시절의 설움이라고 묻어두기에는 너무나 가슴 아픈 약소국의 한이 맺혀 있다. 문화재청에 의하면 현재 해외에 유출된 문화재는 20여 개국에 74,568점이나 된다고 한다. 그중 일본이 국보급인 고려 불화 등 34,157점, 미국이 15,414점, 영국이 6,610점, 독일이 5,289점의 우리 문화재를 불법으로 보관하고 있다. 당시 약소국의 서러움이 어떤 것인지 짐작이 간다. 그 중에 국내로 환수된 것은 6%에 해당하는 4,428점 밖에 되지 않는다고 하니 더 마음이 아려온다. 프랑스가 보관해 오다 이번에 돌아오는 외규장각도서 297책은 극히 일부에 속하는 것이다. 그것도 주인집에서 개최하는 G20 큰 행사에 참석하러 오면서 최종 결정된 것이니 국력을 우회적으로 느낄수 있었던 사례 중의 하나이다.

그런데 해외에 유출된 우리의 많은 문화재를 반환 받지 못하는 이유가 있다. 이는 문화재 반환에 관한 국제협약인 '문화재 불법반출·입 및 소유권 양도의 금지에 관한 유네스코협약'이나 '도난 불법반출 문화재 반환에 관한 유니드로(UNIDOIT)협약'에 따라 타국의 문화재를 보관하고 있는 나라는 원 주인에게 돌려주도록 되어 있다. 중요한 것은 가져간 자들이 협약에 가입을 회피하고 있다는 것이 문제이다.

우리는 지구촌 부자들에게 원조를 받아 살던 최빈국에

서 선진국 문 앞에 있다. 짧은 기간에 경제발전과 민주주의를 동시에 달성한 지구상의 모델이 되었다. 이처럼 세계의 주역들의 모임인 G20에 의장이 되는 등 이제는 세계의 언저리가 아닌 주역이 되었음을 알고 있다. 이는 지난 G20을 통해 자타가 공인하게 되었다. 그렇다면 이번 프랑스가 보관해 오던 외규장각도서의 반환을 계기로 해외에 불법으로 유출된 우리의 고귀한 문화재를 찾아 올 수 있도록 하는 대비책이 강구되어야 한다. 우리민족의 혼이 담긴 소중한 물건을 주인이 보고만 있는 어리석음을 계속해서는 안 된다. 해당국가에 반환을 요구해야 한다. 이제는 그럴만한 위치에 와 있고 충분히 그럴 수 있기 때문이다. 만약, 지금의 우리가 그런 일들을 소홀히 한다면, 먼 훗날 후손들에게 무어라고 말하겠는가. 그것은 우리 선조들의 고귀한 유산이기도 하지만, 지금 우리가 여기까지 올 수 있었고, 세계 속의 주역이 되게 한 보이지 않은 힘이었다. 그 무한한 힘의 원천이 바로 우리가 찾고자 하는 그 문화유산에 담겨 있기 때문이다.

가을과 해바라기

가을이다. 가을엔 해바라기가 고개를 숙이는 결실의 계절이다. 해바라기는 해를 정면으로 보고 자라는 속성을 가진 식물이다. 그럼 공직자가 해바라기라면 무엇을 보고 어떻게 하여야 할 것인지 한번쯤 가슴앓이를 해야 한다.

해바라기의 원산지는 남미 잉카문명의 발생지인 페루, 칠레 부근이다. 학명은 helianthus annuus으로 영문 표기는 sunflower이다. 한자로는 향일화·조일화라 하며, 자생지로는 양지바른 언덕이다. 그리고 페루의 국화國花가 바로 해바라기이다. 이런 해바라기가 중국을 통해 우리나라에 들어와서 자라게 되었는데 해를 향해 돌면서 자라고 있음은 무엇 때문일까? 해바라기의 원산지는 남미 페루 칠레 부근으로(남위 15°) 일조량이 적당한 지역이다. 우리나라는 지형적으로 (북위 35°~40°) 일조량이 원산지보다 부족하다. 때문에 일조량이 부족하면 결실이 어렵게 된다. 이는 생명체의 본능인 종족 보존이 어렵다는 것을 스스로 알고 있다는 얘기다. 그러기에 개체의 번성을 위해서 해를 보고 돌아 일조량을 높이지 않으면 안 되는 것이다. 반대로 서인도西印度(북위 7°)지방에서 자라는 해바라기는 일조량이 원산지보다 더 많다. 그래서 우리나라 해바라기와는 반대로 해를 등지고 돌고 있다. 햇볕이 너무 강해 일조량이 과하면 열매를 얻을 수 없기 때문이다.

유럽은 지형적인 특성으로 안개가 많고 일조량이 부족하다. 그래서 햇빛이 비치는 날이면 공원이나 어디서든 웃옷을 벗고 일광욕을 즐기는 모습을 볼 수 있다. 반대로 햇빛이 강한 적도 부근에서 살아가는 종족은 오히려 그 늘을 선호하며 살아간다. 인간도 생명체이기에 지구상의 위치에 따라 적당한 일조량이 필요하다는 것을 증명하고 있는 것이다.

이런 해바라기가 우리 사회에서 비유되어 사용될 때가 있다. 어떤 사람을 보고 따르는 애틋한 사랑에 견주는 말 로도 쓰이고 특정인, 한 사람을 보고 맹종할 때 많이 사 용되고 있다. 후자는 폄하하는 뜻으로 많이 인용되는 경 우이다. 시대도 변화하고 국민의 의식도 변하고 있다. 공 직자가 해바라기라면 과연 무엇을 보고 돌아야 하는가? 우리의 아픈 과거시대에는 공직자가 특정인을 보고 해바 라기가 돌듯이 돌았음을 부인하지 못할 것이다. 물론 긍 정적인 면도 있었겠지만 거기에서 더 많은 부정적인 측 면이 있었기에 '해바라기 공직자'라는 비유가 있었지 않 겠는가?

바뀌어야 한다. 공직자는 해바라기가 해를 보고 돌듯

이 한 사람을 보고 도는 것이 아닌 국민을 보고 돌아야 한다. 그리하면 아무리 시대가 변해도 그 흔적은 빛이 바래지 않을 것이다. 왜냐하면 공직자는 국민을 위해 존재하며 국민으로부터 수임 받는 천부적인 직업인이기 때문이다. 그리고 어떻게 돌 것인가 고민이 있어야 한다. 같은 일을 처리함에 있어서 이쪽도 좋고, 저쪽도 좋은 그런 일은 참으로 많지 않다. 그리고 모두가 나쁜 그런 일도 드물다. 그렇다면 어떤 일을 할 때, 어느 일방은 이익이 따르고, 어느 한쪽은 피해가 따르는 경우가 있다면 어떤 선택을 해야 하느냐가 문제일 것이다. 이럴 때 어느 쪽을 선택해야 할 것인지 고민해야 한다. 다시 말해 국민을 보고 돌되 인도의 해바라기처럼 등을 돌려 돌지 말고 즐거움과 미소를 머금고 국민을 보고 돌아야 한다. 그런 해바라기는 가을이란 하늘 아래서 아름다움을 지나 위대한 결실을 만들어 낼 것이다.

효행상

오월하면 생각나는 단어들이 있다. 장미의 계절, 그리고 어린이 날, 어버이 날, 스승의 날, 부부의 날 등 가정과 관련된 기념일들이다. 그래서 5월을 가정의 달이라 부르기도 한다. 팍팍한 우리네 삶에 지금도 효자효부가 있지만 옛날의 효자효부의 이야기는 많은 시간이 흐른 지금도 우리 가슴에 남아 감동을 주기에 부족함이 없다.

성종이 어느 날 성 밖으로 야간 잠행을 나섰다. 그런데 어디선가 들리는 가느다란 노래 소리에 끌려 어느 집 앞에 이르렀다. 문구멍으로 안을 살펴보니 진수성찬은 아

니지만 깔끔한 잔칫상이 차려져 있었다. 그리고 상 앞에
는 노인이 앉아 있고 그 앞에서 젊은 남자는 노래를 부르
고 새댁은 두건을 쓴 채 춤을 추고 있었다. 기이한 현상
을 보고 임금은 문을 열고 들어가 사연을 들어 보았다.
노래를 부르는 것은 아들이고 머리를 깎고 춤을 추는 것
은 며느리였다. 알고 보니 홀로 계신 시아버지 회갑 날에
며느리는 머리를 깎아 판 돈으로 회갑상을 차리고 시아
버지를 기쁘게 해 드리고 있었던 것이었다. 임금은 효성
이 가여워 아들의 글공부 상태를 확인하니 겨우 사서삼
경을 읽었다고 했다. 그 소리를 듣고 과거 보기를 권했
다. 그러나 과거를 보러갈 노잣돈조차 없다기에 품고 있
던 금전 몇 푼을 털어주고는 돌아섰다. 그 후 가난한 선
비는 과거를 치르게 되었다. 이때 과거 시제가 '자가승무
노인탄子歌僧舞老人歎'이었다. 응시한 선비들이 모두 무슨
뜻인지 몰라 고개를 갸우뚱하고 나름의 답을 적었다. 가
난한 선비 또한 무슨 뜻인지 확실하지 않아 자기 신세를
빗댄 글을 썼다. 아들은 노래를 부르고 며느리가 머리를
깎아 생일상을 마련한 후 며느리는 춤을 추니 노인은 이

모습을 보고 탄식했다. 라는 요지의 답을 적어 과거에 급
제하였다. 그 후 아들은 임금의 인정에 감동하여 눈물을
흘리며 훌륭한 신하가 되어 충성을 다했다는 이야기다.

　오늘날도 밖으로 드러나지 않은 효자효부가 어찌 옛날
만 못하겠는가? 하지만 그런 사람들을 찾아내고 선행을
표상으로 삼아 그 뜻을 기리는 것은 되려 예전만 못한 것
같아 아쉬움이 남는다. 어느 자치단체의 부부상 시상식
에 시장이 스스로 부부상을 받았다는 이야기가 있다. 이
는 그들을 수상 대상자로 선정한 사람도 문제가 있지만
그 상을 받는 사람 또한 다시 보아야 할 것이다. 물론 시
장이라고 부부의 정이 없고 다른 사람에게 모범이 되지
말라는 법 또한 없다. 상이란 어느 부분에 타의 귀감이
되는 사람을 선발하여 표창하는 것이지만 그 대상을 선
발함에 있어서는 누가 보아도 수긍하는 객관성이 있어야
한다. 그리고 그 대상이 돈 많고 고위직에 있는 사람보다
는, 어렵고 그늘진 곳에서 힘겹게 살아가며 효행을 행하
거나, 어려운 환경에서도 부부애를 지켜가며 존경받는

그런 사람에게 수여되어야 참 뜻이 빛나는 것이다. 그렇지 못할 때에는 그 상의 의미 또한 흐려지고 상의 효과 또한 반감됨은 말 할 필요가 없다.

그러기에 효행의 대상을 잘 찾는 것이 그만큼 중요하다. 그리고 더 중요한 것은 그것을 찾아내는 사람들이 그 분야에서 존경받지 못하는 사람들이라면 그 결과는 보지 않아도 알 수 있는 것이다. 그러기에 옛 사람들의 모습을 반면교사로 삼아야 한다. 다음 해에는 특히 가정의 달 행사와 관련된 각종 선행 대상자를 선발함에 있어서 고뇌해야 할 이유가 여기에 있는 것이다.

특별채용과 공정사회

부모가 자식이 잘되기를 바라는 것은 동서고금의 보편적 희구사안이다. 이는 생명을 가진 모든 동물도 마찬가지가 아닐까? 새끼가 다칠세라 경계를 게을리 하지 않고 홀로 설 수 있을 때까지 정성을 다해 아끼고 기른다. 그러기에 인간이면 당연히 그럴 수 있는 것이 아니냐 하면 사실 답이 없다. 그러나 지금은 21세기이다. 유리알처럼 투명한 사회에서 외교부의 수장 딸이 특별채용이란 올가미에 걸려 세상이 시끌시끌하다. 이와 관련 최근 외교부에 대한 특별채용을 추가 확인하니 10여 명이 정상적인 채용절차를 거치지 않는 특별 채용이었다고 하니 가관이다. 그리고 공공기관 일선 자치단체 등에 대한 특별채용과 관련한 이야기가 계속 터져 나온다. 문제의 특별채용이 어디서 시작되었고 어디가 끝인지 보이지 않는다는 것이 가슴 아픈 오늘의 현상이다.

조선시대에도 과거시험에 문제가 많았다. 초시를 치르고 복시에 합격하기까지 요즘 같으면 고시 1차 2차와 비슷한 것이었다. 그때에도 부정이 많아 과거지팔폐科擧之八弊라 하여 과거와 관련 여덟 가지 비리 유형이 있었다.

첫째가 차술차작借述借作이다. 남의 것을 베껴서 답안을 그대로 작성 하는 것, 즉 표절이고,

둘째가 수종협책水宗挾冊이다. 시험 감독관 몰래 책을 소지하고 훔쳐보는 것을 말한다.

셋째가 인문유린人門蹂躪이다. 시험장 주변을 어른거리며 남에게 가르쳐 주는 것이고,

넷째가 정권분답呈券紛遝이다. 시험지를 남의 것과 바꿔치기 하는 것이다.

다섯째가 외장서입外場書入이다. 시험장 밖에서 답안을

작성하여 시험장 안으로 들여보내는 것이고,

여섯째가 혁제공행赫蹄公行이다. 시험 문제를 미리 빼내어 답을 알아 두는 것을 말하며,

일곱째가 환면출입換面出入이다. 대리 시험을 말하는 것이고

여덟째가 자축字軸의 환농幻弄이다. 시험 감독관을 매수하여 시험을 치르는 것을 말하는 것이다. 인간이 시험이란 제도를 만들어 놓고 이를 행함에 있어 시험 본래의 목적 달성을 위해서는 이처럼 많은 문제가 있어 왔음을 말하는 것이리라 생각된다.

지금 대한민국의 화두는 '공정한 사회'이다. 이 공정은 여러 가지 의미를 담고 있지만 핵심은 신분의 귀천, 재산의 많고 적음에 관계없이 어떤 지점에서 똑같이 출발할 수 있는 것이다. 즉 기회가 누구에게나 균등하게 주어지는 것이고 한 걸음 더 나아가 패자가 다시 일어설 수 있는 기회까지 부여하자는 것이다. 그러나 요즘 불거진 특별채용 행태를 보면 우리에게 시사하는 바가 크다고 아

니할 수 없다.

지금 우리는 민주주의 60여 년의 역사에 누구도 예상치 못한 자유를 누리고 있다. 지구상에서 원조를 받던 나라에서 피원조국으로 성장했다. 그리하여 후진국들이 모델이라며 자타가 인정하는 저력이 있는 국민이다. 그러나 한 번씩 불거지는 비정상을 보면 성장통을 앓고 있음을 알 수 있다. 즉 물질적 성장만큼 국민의 내적 성장이 이에 따르지 못한 것이다. 그런데 과연 국민들은 어떤 생각을 가지고 있을까?

하지만 우리는 이런 문제를 해결할 수 있다. 그리고 해내왔다. 가진 자와 없는 자, 지위가 높은 자와 낮은 자, 모두가 노력하면 똑같은 결과가 주어지는 그런 사회가 바로 공정한 사회이다. 이런 공정한 사회의 바탕에는 없는 사람과 낮은 사람에게 요구하는 기대치가 있는 사람, 높은 사람에 비해 크지 않음을 알 수 있다. 그러기에 공정한 사회의 실현은 앞서거나 가진 사람, 높은 사람이 조금 더 솔선하고 모범을 보여야 할 이유가 여기에 있는 것이다.

후회와 실망

후회와 실망, 두 단어의 의미는 혼란스럽다. 비슷하기도 하고, 다른 것 같기도 하다. 그러나 자세히 들여다보면 이런 의미를 가지고 있다. 확실한 것은 두 단어 모두 좋은 뜻보다는 아쉬움이 내재된 좋지 않은 의미의 단어임을 알 수 있다. 그런데 이상하게도 성공이나 희망이라는 인간을 흥분시키는 멋들어진 말들은 후회와 실망이란 과정을 거치지 않고서는 이루어지지 않는다. 마치 부처님의 신비가 서려있는 고찰에 가려면 천왕문을 거치지 않고는 들어설 수 없는 것과 같다. 그리고 분명한 것은 후회와 실망은 현재나 미래의 이야기는 아니다. 반드시 과거의 사실이란 것이다.

총선 결과 희비가 엇갈린다. 내가 당신들의 뜻을 헤아렸습니다. 그리고 지지를 받아 대한민국 최고의 직업인 선량이 되었다고 행복해하는 사람도 있다. 반면, 그 뜻을 이루려고 부단히 노력하였으나 미치지 못한 사람도 있다. 뒤집어 보면 내가 좋아하는 사람, 누가 보아도 국가와 국민을 위해 큰일을 할 사람이라고 판단하고 지지를 보냈다. 하지만 아쉽게도 선택 되지 못한 사람을 보며 서운해 하는 사람도 분명이 있다. 이렇듯 어떤 큰일 뒤에는 행복해 하는 사람보다 후회와 실망을 하는 이가 더 많음을 알 수 있다.

중요한 사실은 후회와 실망은 선택의 결과란 것이다. 다시 말해 후회는 A·B·C 중에 어느 하나를 선택한 결과 그것이 선택권자의 의중을 빗나간 것이다. 그리고 실망은 어느 하나를 앞에 두고 할 것인가, 말 것인가로 고민하여 선택한 결과가 생각했던 것과 반대의 결과가 나타

났음을 말한다. 후회란 이전의 잘못을 깨닫고 뉘우치는 것이고, 실망이란 일이 바라는 대로 되지 않거나 기대에 어긋나서 마음이 상함을 말하는 것이 사전적 의미이다. 그래서 선량이 되고자 했으나 되지 못한 사람들은 실망을 했고, 이 사람을 선택할까 저 사람을 선택할까로 고민했던 사람들은 결과가 본인의 의중대로 되지 않았을 때에는 후회를 하게 되는 것이다.

주나라 강태공이 천하를 주유하며 세월을 보내자 그의 아내는 가정에 소홀한 강태공과 살 수 없다며 가출을 감행했다. 시간이 흐른 뒤 강태공이 제후가 된 것을 뒤늦게 알고 찾아와 같이 살 것을 요청했다. 그러자 강태공이 부인에게 물 한 동이를 길러오라고 하였다. 부인이 물 한 동이를 길러오자 물동이를 엎질러 깨뜨려 버렸다. 부인이 영문을 몰라 쩔쩔매고 있을 때, 강태공은 이렇게 말했다. '한번 엎질러진 물은 다시 담을 수 없듯이 한번 집나간 여인과는 다시 살 수 없다'라고 했다. 이것이 바로 그 유명한 복수불반분覆水不返盆이란 단어이다. 하지만 이 고사가 우리 총선에서는 적용되지 않는다. 왜냐하면 선량은 영원한 것이 아니고 조건부 직업인이기 때문이다. 4년짜리 공무원인 것이다. 엎질러진 물이 아니라는 뜻이다. 다시 말해 4년 후 그이와 행복했노라 생각하면 다시 한번 기회를 주는 것이고, 그러하지 못했으면 졸업장을 주면 되는 것이다. 그러기에 내가 선택한 것에 대한 후회와 실망을 해서는 안되는 이유이기도 하다.

그리고 4년 조건부 공무원이 된 사람들은 당신으로 인해 행복해 하는 사람만큼 후회와 실망하는 사람 또한 있음을 잊어서는 안된다. 그러기에 주민을 위해 최선을 다해야 할 책무가 있는 것이다. 또한 다음에는 자신의 선택에 행복해 하는 사람은 또 한 번의 행복을, 후회와 실망한 사람에게는 다시 그런 일이 없기를 기도해 본다. 그리고 자신의 선택에 모두가 행복해 하길….

봄이 희망이다

봄이 도둑처럼 창밖에 서 있다. 꽃샘과 몇 번의 줄다리기를 하던 그 봄이다. 지난주만 해도 3월의 한파로는 9년 만에 처음이라는 수식어를 달고 있었다. 그렇게 메스컴의 메뉴가 되었던 추위도 계절의 순환 앞에 무릎을 꿇었다. 자식을 이기는 부모가 없듯이 봄을 이기는 겨울 또한 없음을 온몸으로 보여주고 있다. 한 번의 대형사고가 났을 때 그 원인을 분석해 보면 29번의 작은 징조가 있고, 그리고 그 보다 더 미세한 300번의 조짐이 도처에 이미 있었다는 하인리의 법칙이 있다. 대형사고가 아니라도 봄의 도발이 그렇다. 찬바람이 산허리를 감아 돌고, 파도에 냉기가 묻어 있어도 보이지 않은 조짐들이 산재되어 있었다. 얼었던 계곡의 물소리가 그랬고 동토를 밀어 올리며 기지개를 하는 복수초가 봄의 태동을 벌써부터 알려왔었다. 다만 팍팍한 삶으로 인해 피부로 느끼지 못하고 있었을 뿐이다. 그렇게 살금살금 숨어오던 봄이 오늘은 벌떡 일어서 고함을 지른다.

계절은 이렇듯 순환의 궤적을 일탈하지 않고 봄의 소식을 전하고 있다. 하지만 우리네 삶은 도처에 겨울이다. 크게는 국가 수출이 날갯짓에 힘을 잃고 있다. 그리고 무엇보다 서민경제의 먹구름이 걷혀질 기미가 보이지 않는다. 여기에는 여러 가지 이유가 있겠지만 경제전문가들의 가장 큰 이유로 내수부진을 들고 있다. 한 집안의 중심은 아버지가 아니다. 식구 중에 한 사람이 아프면 아픈 사람이 중심이 된다. 개인에게도 손가락에 작은 상처가 나면 몸의 중심은 가슴이 아니고 아픈 손가락이 중심이 되는 것이다. 이렇듯 대한민국의 경제 명의들은 한반도의 아픔을 바로 내수부진이라고 진단하는 듯하다. 이런 증상에 적절한 처방은 무엇일까? 고민의 늪에 허덕이고 있다. 더 걱정인 것은 이에 수반되어 풀이 죽어버린 희망이 일어설 기미가 없다는 것이다. 어떻게 하면 바닥을 치고 원기를 회복할 수 있을까 당국에서는 나름의 대책을 쏟아 내지만 뾰족한 대안이 없는 모양이다. 그렇다고 손을 놓고 자포자기 할 수 없는 것이 우리네 현실이다.

몸이 아파 병원에 입원을 하면 질병에 걸맞은 처방을 받는다. 명의가 좋은 약으로 치료를 하는 것도 중요하다. 하지만 그것보다 더 소중한 것은 환자 스스로 나을 수 있다는 신념을 가지는 것 즉, 희망이 더 중요하다. 환자에게 당신은 쾌유할 수 있다는 믿음을 심어 주는 것이 어떤 명의의 처방이나 명약보다도 소중하다는 것이다. 작금의 우리네 삶이 물먹은 솜처럼 무거워도 희망을 잃지 말아야 함은 자명하다. 바로 그 희망이 봄빛에 실려있다. 바람에 묻어있고 대지에 녹아있다. 지혜의 왕 솔로몬이 아들 다윗왕의 반지에 새겨주었던 "이 또한 지나가리라"라는 문구가 지금에 필요한 말이 아닐까? 대지를 녹이고 만

물을 소생하게 하는 을미년의 봄이 살금살금 도둑처럼 찾아와 내 곁에 우뚝 서있다. 이봄이 힘겨워하는 우리들에게 또 한 번의 희망이라는 변곡점이 되길 소망해 본다.

5부

눈길 머문 곳

G20과 국격

G20은 서방 선진 7개국의 모임인 G7을 확대 개편한 기구이다. 이는 세계경제협의기구로 국제 금융위기의 재발을 방지하고 세계경제가 안정적으로 성장할 수 있는 방안을 모색하기 위해 구성되었다. 1999년 12월 베를린에서 발족되었으며 지난해 G20으로 확대 개편되었는데 그 첫 의장국이 대한민국이다. 그리고 11월 11일 서울에서 그 정상들이 처음으로 한자리에 모인다.

5천 년 한민족 역사에 가장 큰 행사이다. 쉽게 말해 지구촌에 돈 많은 나라 양반들을 모시는 행사이기에 이들을 어떻게 맞이하느냐가 그만큼 중요하다. 이런 중대 행사를 사전 조율하고 밑그림을 그리는 G20 재무장관 및 중앙은행총재회의가 10월 21일 바로 천년고도 경주에서 열린다. 여기에는 G20 재무장관 및 중앙은행총재와 대표 언론인 등 1,100여 명의 귀빈이 찾게 된다.

그렇다면 우리는 이번 행사를 어떻게 치러야 할 것인가를 두고 함께 고민해야 한다.

행정기관의 각종 지원과 경찰의 완벽한 경호가 있어야 함은 말 할 것도 없다. 보다 중요한 것은 시·도민들의 애정 어린 관심과 손님을 맞을 마음의 준비가 필요하며 이와 관련 실천해야 할 일들이 몇 가지 있다.

첫째, 우선 주위 환경을 깨끗이 해야 한다. 우리 민족은 손님이 찾아오면 집안을 깨끗하게 청소하고 맞는 미풍양속을 면면히 이어왔는데 이번이 그 진수를 보여 줄 때다.

둘째, 교통질서를 포함한 기초질서를 잘 지켜야 한다. 이는 그 나라의 민족성과 민도民度를 확인하는 바로미터이기 때문이다.

셋째, 친절해야 한다. 친절은 돈을 주고 살 수도 없고 그 어떤 것으로도 갑자기 포장될 수 없는 소중한 가치이기 때문이다.

넷째, 참여하는 마음이 필요하다. 우리 경상인들은 속내를 잘 드러내지 않는 양반기질이 있는데 이번에 찾아오는 이들도 세계속의 양반들이므로 같은 양반들끼리 마음을 열고 함께 하는 혜안이 필요하다.

그럼 우리가 손님을 맞으면서 왜 이를 실천해야 하는가? G20 재무장관과 중앙은행총재회의 시 700명이 넘는 세계 대표언론사 기자들이 우리 시·도의 구석구석을 찾게 된다. 그들의 보는 눈이 실시간으로 세계 속으로 전파된다. 그러기에 500만 시·도민이 하나 같이 내 집을 방문한 손님을 지극정성으로 맞아야 할 이유이다.

경찰은 그 준비대회를 10월 6일 경주 엑스포공원에서 개최하고 범 시·도민의 참여와 결의를 다지고자 한다.

여기에는 모두가 함께 치러 내자는 메시지를 담고 있다. 이번 G20 경주 행사를 500백만 시·도민이 정성을 기울여 잘 치른다면 나의 격我格, 시·도의 격市道格, 나라의 격國格이 한 단계 높아져 대한민국이 세계 속의 주역이 될 수 있는 호기인 것이다. 기회는 항상 어렵지만 함께하는 아름다운 모습 속에서 영글어진다는 교훈을 이번 'G20 경주' 행사를 통해 우리 시·도민과 같이 확인하고 싶다.

초심

'처음'이란 단어처럼 순박하고 정감어린 말도 흔치 않다. 한 인간이 스스로의 판단에 따라 어떤 직업을 선택하고 그 일을 시작함에 있어 그저 그렇게 되는 대로, 시간만 보내는 식의 마음을 가지는 이는 아무도 없다. 처음 시작할 때 높은 이상과 순수한 꿈을 가지고 이를 실천해 가려고 부단히 노력한다. 그러나 처음의 마음을 끝까지 유지하기란 참으로 어렵다. 그러기에 처음의 마음을 간직하고 지켜가는 사람을 지도자나 성자로 부른다. 하지만 지도자와 성자가 아닌 뭇시민이며 평범한 직장인이라고 해서 이상과 꿈을 지켜가지 못할 이유는 없다. 그러나 그

초심을 잘 유지하고 행동으로 옮기느냐에 따라 약간의 차이가 있을 뿐이다.

초심은 무엇일까? 초심의 사전적 의미는 어떤 일을 시작할 때 처음에 가졌던 마음이다. 또한 정상적인 사고를 가진 사람이라면 누구에게나 순수한 초심이 있다. 하지만 같은 초심이라도 국가 지도자나 공무원에게는 한 단계 높게 요구되고 국민들 또한 그렇게 평가한다. 대통령, 국회의원이나 공무원이 되면 처음에는 국가나 국민을 위해 몸 바쳐 봉사하고 헌신하겠다는 다짐을 하지 않은 이가 어디 있겠는가? 다만 시간이 흐름에 따라 그 다짐이 조금씩 식어갈 뿐이다. 일반인 또한 예외이지 않다.

초심의 단면은 어느 누구에게나 있다. 초등학교에 입학할 때는 설렘으로 열심히 공부하고 부모님 말씀을 잘 듣는 착한 학생이 되겠다는 다짐이 초심이었다. 또한 성년이 되어서는 새로운 직장인으로 시작한 순수한 열정과 꿈이 초심이었으리라. 그리고 사랑하는 아내를 처음 만나 평생 사랑하고 지켜줄 것이라는 그 순수함이 없는 사람은 없다. 그러나 시간이 지나면서 그 순수함이 조금씩 퇴색되어지는 것은 누구나 부인할 수 없는 것이 또한 현실이다.

어떤 사람이나 조직의 과거를 알려면 그 사람이나 조직의 현재를 보면 알 수 있다고 한다. 조직이나 구성원의 미래를 알고자 한다면 그 조직이나 구성원의 현재를 보면 알 수 있다는 말도 있다. 지금 경찰은 '10만 경찰 초심 찾기 대 프로젝트'를 추진 중에 있다. 이는 국민의 생명과 신체, 재산을 보호해야 하는 경찰사명에 보다 충실하고 국민의 경찰로서 자리매김 하려는 순수한 몸부림이다. 경찰의 상징물은 참수리이다. 창공의 제왕 참수리가 노쇠해지면 부리와 발톱이 무디어지고, 날개와 깃털에 윤기가 사라지면서 비상에 장애가 나타난다. 이때 참수리는 스스로 부리를 돌에 찍어 새 부리를 나게 한다. 그리고 새로 난 부리로 무디어진 발톱과 오래된 깃털을 뽑아내어 새 발톱과 깃털이 돋아나도록 한다. 그렇게 몸단장이 끝나면 다시 창공을 차고 올라 참수리로 새로운 출발을 한다. 지금 경찰은 참수리처럼 새로운 비상을 위해 스스로 부리를 돌에 찍어 대는 아픔을 감내하며 몸단장 중에 있다. 단장 후에는 국민을 위한 참수리로서 대한민국이란 창공을 편안하게 지켜갈 것이다.

국민들도 애정 어린 시선으로 경찰이 잘할 때에는 격려를, 잘못을 저지른 때에는 가혹한 채찍을 들어야 한다. 그리고 더 중요한 것은 경찰 스스로 국민 곁으로 다가섬에 주저하지 말아야 한다. 이는 개인이 아닌 국민의 경찰이기에 초심을 새롭게 가져야 할 이유일 것이다.

애벌레, 나방의 날개를 달다

나방의 애벌레는 종류에 따라 허물을 벗는 기간이 다르다. 짧게는 몇 개월, 길게는 몇 년을 땅속에 묻혀 인고의 세월을 보내며 애벌레로서 소임을 마치고 나방으로서 화려한 생을 시작한다. G20 경주회의 마무리는 그래서 중요하다. 애벌레로서의 생은 잘 마쳤다. 즉 G20 서울회의의 밑그림을 그리는데 충실했다는 것이다.

지난 10월 21일~23일간 경주시 보문에서 G20 재무장관과 중앙은행총재와 세계금융권인사, 언론인 등 1,100여명이 모였다. 이는 11월 11일부터 열리는 G20 서울 정상회의 기초를 다진 것이다. 다시 말해 나방이 꽃을 찾아 날게 하고 아름다운 결실을 맺도록 하는 즉, 애벌레로의 과정을 한 치의 차질 없이 완수한 것이다.

G20 기획단의 보이지 않은 노고가 있었다. 경찰은 3천 여 명을 동원하여 경주 보문 일대에 2박 3일간의 안전을 확보하고 편안한 회의가 되도록 최선을 다했다. 기능에 따라 5~7일간 경주에서 두 눈을 부릅뜨고 귀를 세우며, 마음을 모아 행사가 안전하게 진행될 수 있도록 하는 것 이 경찰의 임무였다. 그 일을 위해 1년간 준비를 해왔고 행사 기간 전 빈틈없는 예행 연습으로 대한민국이 세계 최고의 안전한 국가임을 과시하는데 부족함이 없었다. 그렇게 편안한 분위기 속에서 중국은 환율, 미국과 EU는 IMF 쿼터를 양보하는 것으로 현재 지구촌의 최대 과제인 '환율 전쟁'의 해법을 찾은 것이다. 이것은 우리 대한민 국이 의장국으로서 책무를 다했다는 방증이기도 하다. 다시 말해 G20 서울회의가 무난히 진행될 수 있다는 것 을 G20 경주회의를 통해 내외에 천명한 것이다.

짧은 기간 동안 경주 보문단지를 출입하면서 각종 통제로 인해 불편했음에도 이를 잘 감내하며 참여해준 시·도민에게 감사드린다. 그리고 높은 산 속에서 안전 확보를 위해 고생해준 군인, 또 우리 대한민국의 문화를 보여주기 위한 선덕여왕 행차 등 보문축제 관계자들의 노고도 빛났다. 한편 손님들의 편안한 일정을 위해 안락한 잠자리와 음식을 위해 고생한 호텔 종사자의 헌신도 있었다. 그리고 찾은 손님에게 친절을 베풀어준 보문단지 내 주민과 피곤함에도 짬을 내어 교통관리에 참여해준 모범운전자들의 봉사도 보이지 않게 일조한 행사였음을 부인할 수 없다. 또 일상을 뒤로하고 행사장 주변의 격을 높이는데 일조한 민간 기마경찰대 등 모두가 자신의 일같이 챙기고 보이지 않게 정성을 모아준 사람들이 있었기에 G20 경주행사가 더 빛이 났던 것이다.

G20 경주회의를 통해 주변 환경을 깨끗이 하고, 교통질서를 포함한 기초질서를 지키며, 친절한 손님맞이, 모두가 함께 하는 참여의식이 얼마나 중요한 것인가를 보

여 주었다. 이제 남은 것은 G20 서울회의가 잘 마무리되도록 국민 모두가 동참하는 것이다.

5천 년 한민족의 최대 행사인 G20 서울회의가 잘 치러지도록 '같은 마음, 함께 가는 지혜'가 필요하다. 우리 민족은 큰 일이 있을 때에는 내 일같이 팔을 걷어붙이고 서로 돕는 아름다운 풍습을 면면히 이어오고 있다. 이런 민족혼을 이번에 확실히 보여 줘야 한다. 그러면 후대에 아름다운 흔적으로 길이 남을 것이다. 애벌레가 날개를 달고 날아오르듯이 대한민국이 세계 속의 주역으로 비상하는 출발점이길 온 국민과 함께 기대해 본다.

아름다운 동행

남을 돕는다는 것은 아주 쉬우면서도 어려운 일이다. 다시 말해 누구나 할 수 있으면서도 아무나 할 수 없는 일이기 때문이다. 도움에도 단계가 있다고 한다. 첫 단계는 남을 돕겠다는 생각을 꾸준히 하는 것이고, 두 번째는 그 생각을 실천에 옮기는 것이다. 그 세 번째 단계가 남에게 도움을 주었으나 도와주었다는 생각이 남아 있는 단계이고, 네 번째 단계는 남에게 도움을 주었으나 도움을 주었다는 생각이 나지 않는 단계라고 한다. 하나님도 성경 말씀을 통해 오른손이 하는 것을 왼손이 모르게 하라(마태복음 6장 3절)고 하셨다. 그 말씀이 곧 네 번째 단계의 도움이다. 다시 말해 차원 높은 도움으로서 작은 정을 행함에 있어 알리려 하지 말고, 그 행함으로 스스로 위로받지 말라는 것이다. 즉, 격이 높은 도움을 실천하라는 메시지이다.

그러나 오늘 그 계율을 깨고자 한다. 왜냐하면 아직 작은 도움이고 그 단계도 미천하다. 다시 말해 생각의 단계에서 한 걸음 나아간 겨우 실천의 단계이고 고차원의 도움 단계에 이르려면 아직 아득하다는 것을 스스로 자인하는 것이기 때문이다.

경북경찰청은 금년 초부터 400여 명의 직원이 매월 1인당 5천 원부터 2만 원까지 스스로 모금에 동참한다. 그것으로 도내 소년소녀가장 10명에게 작은 도움을 주고 있다. 우리는 경제적인 도움도 중요하지만 바쁜 시간을 쪼개서 매월 직원들이 돌아가며 아이들을 찾아간다. 거기서 어려움도 듣고 방학 때에는 같이 자장면 집을 찾기도 한다. 그리고 어린 마음에 상처가 가지 않게 배려와 관심을 가지고 살피는 일명 '아름다운 동행' 프로젝트를 시험운행 중에 있다. 우리에겐 목표가 있다. 아름다운 동행은 소년소녀가장이 성년이 되어 직장을 가질 때까지다. 우리가 처음 시작할 때에는 남을 돕는다는 마음이 내심 있었음을 부인할 수 없다. 한편 불우한 청소년이 바르게 성장하지 못하면 사회문제가 되고 크게는 국가 부담이 되기에 이를 사전에 해소해야 한다는 부분도 포함되어 있기도 했다.

그러나 이게 어찌된 일인가! 수서隨書의 독고황후전獨孤皇后傳에 나오는 기호지세騎虎之勢 형국이 되어 버렸다. 즉 '호랑이를 타고 달리는 기세이므로 도중에 내릴 수 없는 것'이 되고 말았다. 스스로 행한 작은 일에 도취되었고, 복에 겨워하며 즐기고 있기 때문이다. 작은 도움을 받는 소년소녀가장이 아닌 우리가 정녕 행복을 느끼며 호랑이 등에 타고 기분 좋게 달리고 있는 모양이 되고 말았다.

인간은 누구나 기쁨과 즐거움을 추구한다. 어떤 이는

돈으로 기쁨을 누리고, 어떤 이는 학문으로 즐거워한다. 그리고 어떤 이는 희생과 봉사로 기쁨을 얻는다. 우리는 경찰관으로서 희생과 봉사로 기쁨을 얻고 그 결과는 주민에게 돌려주고자 한다. 우리 경북경찰은 아름다운 동행 말고도 주민과 함께 하는 시스템을 가동 중이다. 그것은 '내 고장지킴이 제도', 밤늦게 귀가하는 학생을 안전하게 귀가시키는 '집으로 콜' 등이 대표적이다. 그리고 기회가 되면 오른손이 하는 일을 왼손이 알도록 하는 차원 낮은 행태의 이야기를 해 보고 싶다. 우리의 캐치프레이드는 주민이 만족하는 명품치안을 만드는 것이다. 우리는 보람을 가슴으로 느끼고 그 열매는 주민에게 안겨 줄 것이다. 그리고 소망한다. 우리가 가고 있는 길은 분명 아름다운 동행이며 그 너머 행복은 우리 주민의 것이고, 한 걸음 더 나아가 대한민국 국민의 것이길….

성매매 어떻게 할 것인가?

　지구상에 인간이 터를 잡고 사회생활을 하게 되면서 직업이 생겨났다. 농업, 어업 등 하나의 일에만 집중해야 하는 것이 바로 직업이다. 성性을 파는 일명 매춘도 인류 최초의 직업군에 속했다는 것은 주지의 사실이다.

　심리학자 매슬로Maslow는 인간의 욕구 단계를 5단계로 나누었다. 그 1단계 욕구가 생리적 욕구이고, 2단계가 안전 욕구, 3단계가 사회적 욕구, 4단계가 자기존중 욕구, 5단계가 자아실현 욕구이다. 이중 제1단계인 생리적 욕구 즉, 의식주가 해결되고 나면 인간의 본능이 발동된다. 바로 종족을 보존해야 하는 원초적 본능이다. 이는 생명체를 가진 동식물이면 한결같다. 이런 생태적 본능을 억제한다는 것은 어찌 보면 신의 영역에 도전하는 것일까? 반드시 그런 것만은 아니다. 역으로 신이 인간을 창조할 때 이런 유혹은 극복이 가능하도록 창조한 일면이 분명 있다. 다시 말해 성매매 하지 않아도 보편적 행복을 찾으며 살아갈 수 있다는 것이다. 문제는 이런 가능함을 저버리고 일시적 쾌락만을 추구하는 일부 소수인이 사회적 문제를 야기하는 것이다. 이것이 바로 성매매 문제의 요체이다.

성매매하면 언뜻 떠오르는 단어가 있다. 미아리, 옐로하우스, 자갈마당 등이 바로 그것이다. 다시 말해 집창촌의 성매매는 사회 여론의 질타를 받으며 단속을 받았다. 그러자 돈 있는 이는 외국으로 성매수 여행을 떠나는 이가 있다. 그리고 국내에서는 주택가 골목의 오피스텔 등으로 거처를 옮기며 성을 파는 이른바 고무풍선 효과가 나타나는 것이라고들 한다. 문제는 성에 경험이 없는 어린 여성들이 특정 목적을 가진 자들의 보호를 받아가며 성의 노리개가 되고 있는 것이다. 그리고 성을 착취당하고 있다는 것이 문제이다. 최근 경북 포항에서 유흥업소 여성 종업원들의 잇단 자살도 성매수와 관련이 있는지 경찰에서 확인 중에 있다.

성매매의 문제는 아전인수 격이라는 데 있다. 성을 사는 사람은 파는 사람이 없으면 사지 않을 것이란 주장이고, 파는 사람은 성을 사는 사람이 없으면 팔지 않을 것이란 나름의 주장이다. 어찌 보면 너무나 당연한 이야기 같지만 속내를 들여다보면 궤변이다. 닭이 먼저인가 닭의 알이 먼저인가와 진배없는 것이다. 각설하고 작금의 현실을 직시하고 과거의 행태와 결과를 반면교사로 삼아야 한다. 그리고 성의 문제는 사회적이고 국가적인 문제로 인간본능의 문제로 덮어 둔다면 더 큰 재앙으로 우리 앞에 다가올 수 있다는 점을 명심해야 한다. 그 대상이 우리의 사랑하는 딸들이라는 아주 기초적이고 수준 낮은 사고가 필요하다. 특히, 사회지도층은 한 걸음 더 나아가 가진 자들의 솔선이 절실해 보인다. 그리고 보다 더 중요한 것은 이것 때문이고 저것 때문이라는 어설픈 이유와 대책으로는 해결되지 않는다는 것을 명심해야 한다.

우리는 누구인가를 기억하기도 하지만, 누구로부터 기억되기도 한다. 지금 우리는 과거의 잘잘못을 역사를 통해 지적하고 평가한다. 이렇듯 먼 훗날 후손들은 21세기를 살았던 지금의 우리를 평가한다는 것이다. 그 중에 사회적 문제로 대두되었던 성매매 또한 예외일 수 없음을 인식하여야 한다.

불법게임장 이용도 도박이다

　수년 전 불법게임장(바다이야기)이 세상을 시끄럽게
한 적이 있었다. 그때는 여론의 질타와 서릿발 같은 단속
으로 수면 아래로 숨어 버렸다. 그런데 최근에 다시 고개
를 들고 있다. 교묘히 영업을 하려는 자와 이를 쫓는 경찰
과의 지루한 숨바꼭질이 계속되고 있는 것이다. 경북지
역에서만 금년 들어 백여 건이 넘는 불법게임장이 단속
되었으나 은밀한 곳에서 사람을 불러 불법영업을 하는
행위가 사라지지 않고 있는 현실이다.

　도박 행위는 형법 제246조(도박죄) 재물로써 도박한 자

는 500만 원 이하의 벌금 또는 과료에 처한다. 247조(도박 개장죄) '영리의 목적으로 도박장을 개장한 자는 3년 이하의 징역 또는 2천만 원 이하의 벌금에 처한다.'라고 규정하고 있다. 불법게임장은 게임산업진흥에 관한 법률 제26조 ②항(무등록 영업)에 의거 2년 이하의 징역 또는 2천만 원 이하의 벌금에 처한다고 규정하고 있다.

일반 도박죄는 도박을 하는 사람이나 도박장을 개장한 자를 모두 처벌하고 있다. 그런데 불법게임장은 게임기를 이용해서 똑같은 도박을 하는 것인데, 게임장을 이용하는 사람은 처벌하지 않고 불법게임장을 운영한 업주만을 처벌하는 것이다. 다시 말해 도박자는 처벌하지 않고 도박 개장자만 처벌하고 있는 것이다. 그리고 불법게임장을 운영하다가 단속되어도 4~5백만 원의 벌금만이 부과될 뿐이다. 그러기에 한 달만 단속되지 않고 영업을 하면 단속되어 벌금을 내어도 이익이 되니 처벌 자체가 의미가 없다. 그것이 불법게임장을 존속하게 하는 이유이다.

도박죄의 보호법익은 건전한 근로로 경제적 이익을 취하지 않고 우연한 기회에 경제적 이익을 취하려는 것을 범죄시하여 처벌하는 것이다. 그러기에 불법게임장을 이용하는 사람도 도박죄와 동일하게 이용자와 업주를 도박죄처럼 동일하게 처벌하여야 하는 것이다.

필자는 불법게임장을 단속하는 경찰관으로 몇 가지를 당부하고자 한다. 불법게임장을 운영할 수 있도록 건물을 임대해 주는 건물주는 임대료를 조금 더 비싸게 받을 수 있다는 유혹에 헤어나지 못하고 있다. 통상 건물을 임대해 줄 때에는 무엇을 하려는 것인지 반드시 확인하고 건물을 임대해 주는 것이 통례이다. 그러나 불법게임장을 한다는 것을 알고서 임대해 주었을 때에는 건물주도 처벌하고자 한다. 불법게임장을 운영하려는 사람들은 가난하고 힘든 서민들의 생활을 나락으로 몰아가고 건전한 사회 기풍을 해치는 행위를 경찰은 좌시하지 않고 끝까지 추적하여 처벌할 것이다. 그리고 불법게임장을 이용하는 시민들에게 감히 부탁한다. 불법게임기는 간혹 한

번의 기회가 올 수는 있으나 기계 자체에서 승률을 조작하기 때문에 이용자는 승산이 없다는 사실을 알아야 한다. 그러기에 재산을 탕진하고 사람을 폐인으로 만드는 불법게임장 이용을 삼가길 간곡히 당부하고자 한다. 관계 기관에서도 단속과 홍보에 주력하여 건전한 근로기풍이 자리 잡도록 모두가 마음을 모아야 할 것이다.

돈을 펑펑 쓰는 사람(1)

그분은 경찰서에서 청소를 하는 아주머니다. 요즘 경찰서 청소일은 용역회사에 용역을 주면 용역회사에서 고용된 사람이 해당 장소로 출근하여 청소 일을 한다.

그분에 대해서는 나는 죄송하게도 아직까지 이름도 성도 모른다. 나이는 60 중반쯤이고, 키는 아마 150정도의 누가 보아도 작고 아담한 아주머니이다. 아니 어쩌면 할머니인지도 모르겠다. 왜냐하면 그 분에 대한 인적사항을 소상히 모르기 때문이다. 그런데 오늘 아침 그분으로부터 돈 보따리를 받았다. 그 돈은 얼마인지 차츰 계산해 보아야 할 만큼의 큰 액수다. 무엇 때문에 이런 것을 주시느냐고 이유를 물었다. 아주머니 대답은 이랬다. '과장님 매일 만날 때마다 인사를 해주시고 너무너무 고마운 마음을 가지고 있었습니다. 그렇지만 저가 밥을 대접할 수도 없고 해서 좋아하시는지 모르겠습니다.'고 하면서 음료수 한 통을 가져왔다는 것이었다. 나는 극구 사양을 했지만 받지 않으면 너무 당황해 하실 것 같아서 고맙다고 인사를 하고는 받았다. 아주머니는 작정을 하고 아끼던 돈을 주고 사 오셨으리라 생각을 하니 마음 한 구석이 찡해 오는 것은 어쩔 수 없었다. 아주머니는 황금보다 귀한 교훈을 나에게 주었다.

청사의 청소일은 대부분이 허드렛일이 많다. 모두가 기피하는 화장실 청소가 내가 보기에는 제일 많은 부분을 차지하는 것 같다. 나는 그분을 하루 몇 번을 만나는지 모르지만 화장실 앞과 복도 등에서 자주 만난다. 그런데 특이한 것은 그분은 일을 하면서 기분이 언짢아할 때를 보지 못했다. 하는 일에 대한 자부심을 가지고 있으며 행복해 하는 것을 빗질에서 물걸레질에서 나는 느낀다. 아마 그분은 출근해서 기분 좋게 일하고 퇴근 후에도 분명히 집에 그냥 있지 않을 것이다. 평소 근면한 모습을 아주머니의 빗질에서 청사 밖에서의 생활을 추측할 수 있다. 그것은 나만의 생각인지 모르겠다. 그런데 확실하고 분명한 것은 아주머니는 그런 일을 하면서 행복해 하고 있다는 것이다. 황금이 소낙비처럼 쏟아져도 만족해 하지 못하는 것이 오늘을 살아가는 뭇사람들의 현실이다. 우리는 행복해 하여도 좋을 만큼의 행복의 언저리에 와 있다. 그러나 보다 많이, 한 걸음 더 편안함을 추구하며 항상 불평을 늘어놓는 것이 보통이다. 세상에 성자 같은 분이 이런 사람이 아닐까?

오늘 아침 아주머니로부터 받은 음료수 한 통은 살아갈 날이 많은 나에게 찡한 울림으로 오래도록 남아 있을 것이다. 아니 어쩌면 영원히 지워지지 않으리라 생각을 해 본다. 그리고 나는 새로운 다짐을 한다. 아주머니, 복도에서 빗자루 들고 계시는 모습을 보면 꼭 제가 먼저 따

뜻한 정을 담아 인사를 하겠습니다. 아주머니 당신 때문
에 경찰서가 깨끗합니다. 감사합니다. 건강하세요. 당신
은 마음이 가난한 우리들에게 정녕 돈을 펑펑 쓰는 참부
자입니다.

돈을 펑펑 쓰는 사람(2)

가슴을 찡하게 했던 아주머니가 오늘 아침에 또 방문을 두드린다. 누구세요 했더니 '과장님 접니다' 하길래 들어오시라고 이야기하면서 출입문으로 시선을 돌리니 아니 그 마음이 부자인 청소하시는 아주머니가 아닌가? '무슨 일이세요' 하면서 먼저 앉기를 권하자 앉지는 않으시고 연신 두 손으로 입을 가리며 '과장님 왜 그랬느냐' 며 수줍어하신다. 무슨 말씀이냐고 했더니 음료수 한 병 드린 것이 무엇이 그리 대단하여 '그런 글을 썼느냐'는 힐책성 질문이었다.

나는 음료수 한 병을 드리면서 무슨 영문인지 전후를 확인해 보니 경찰서 민원실장이 자기를 보자고 하길래 찾아가니 인터넷에 자신에 관한 이야기를 과장님이 글을 써서 올렸다고 하며 그 글을 프린트해서 주시더라는 것이었다. 그러면서 연신 부끄러워하신다. 그 글을 집에 가서 읽기를 몇 번 하면서 혼자 우셨다는 것이다. 아무것도 하는 것이 없는데 좋게만 보아 주었다는 것이 찾아온 이유였다.

　나는 확실하게 이야기했다 '아주머니 당신은 하신 일이 없는 것이 아니고, 마음이 가난한 우리들에게 부자의 길을 가르쳐 주신 것입니다. 그리고 그것은 나만의 생각이 아니고 경찰서의 많은 직원들이 그렇게 생각하고 있는 것입니다'

　나는 475명의 직원들이 글을 읽고 그중에 56명은 동감하며 맞장구를 이렇게 친 것이라는 요지의 댓글을 단 것을 프린트해서 다시 아주머니에게 드렸다.

　아주머니의 그 성실함과 하시는 일을 천직으로 생각하

고 웃음을 잃지 않은 것는 누구나 할 수 있는 일이지만 아무나 할 수 있는 일이 아니라고….

아주머니는 내가 프린트해서 준 56명의 댓글을 둘둘 말아 쥐고는 고맙다고 하시며 이내 총총 걸음으로 방문을 나섰다. 아주머니는 퇴근 후 집에서 댓글을 읽고 혼자 또 우실 것이 분명했다. 아주머니 우세요. 그건 눈물이 아니라 행복입니다.

피血 나눔

피를 필요로 하는 환자들에게 나의 피를 대가 없이 주는 것이 헌혈이다. 우리 인간이 자연의 순리에 역행해가면서 온갖 머리를 짜내고 연구한 결과 만유인력의 법칙을 깨고 달나라도 갔다 오는 시대에 살고 있다. 그리고 인체의 모든 장기를 새것으로 교체할 수 있는 능력도 가지게 되었다. 창조주가 정한 인간 수명의 한계에까지 도전하고 있다. 하지만 아직까지 사람의 몸에 흐르는 피는 어떤 과학의 힘으로도 만들지 못하고 있는 것이 주지의 사실이다. 이것은 인간의 영역이 아닌 고귀한 신의 영역으로 남아 신성시되고 있기 때문일 것이다. 그래서 타인을 위한 도움 중에 물질적, 정신적인 도움보다도 더 소중한 것으로 헌혈에 그 가치를 부여하는 것이다.

옛날 궁궐에서 멀리 떨어진 곳에 아들 3형제가 살았다. 이들은 남들이 가지고 있지 않은 소중한 물건을 각각 하나씩 가지고 있었다. 첫째는 아주 멀리까지 볼 수 있는 망원경을 가지고 있었고, 둘째는 하늘을 날 수 있는 양탄자를 소유하고 있었으며, 셋째는 먹으면 모든 병이 낫는 마법의 사과를 가지고 있었다. 어느 날 혼기를 앞둔 공주가 급성병에 걸렸다는 것을 첫째가 망원경을 통해 알게 되었다. 하지만 너무 멀어서 이동에 문제가 있었는데 둘째의 양탄자가 있었기에 3형제가 양탄자를 이용하여 공주가 있는 궁궐까지 도착할 수 있었다. 그리고는 셋째가 가지고 있는 마법의 사과를 먹게 하여 공주의 병이 나았다. 임금은 3형제 중 공이 제일 많은 사람을 공주와 혼인시키겠다고 하였다. 이에 첫째는 내 망원경이 없었다면 공주의 병을 알 수가 없었기에 자신이 제일 공이 크다고 주장하였다. 그리고 둘째는 하늘을 날 수 있는 양탄자가 없었다면 여기까지 빨리 올 수 없었기에 자기가 공이 많다고 했다. 또한 셋째는 아무리 멀리서 일찍 보고 빨리 올 수 있어도 마법의 사과가 아니었다면 공주의 병을 낫게 할 수 없었다는 주장이었다. 임금은 세 사람의 이야기를 듣고 고심한 끝에 셋째가 공주와 결혼하도록 결정했다는 이야기가 있다. 바로 탈무드 속의 한 구절로 어릴적 동화 속의 이야기이기도 하다.

그런데 여기에는 큰 의미가 담겨 있다. 가지고 있는 것이 아무리 귀하고 소중한 것일지라도, 물질 본성을 소멸시키면서 서로 나누는 것이 가장 가치 있는 교훈임을 말해 주고 있는 것이다. 임금님이 공주와의 결혼을 셋째에게로 결정했듯이 다시 말해 한 번밖에 쓸 수 없는 것을 사용했을 때 그 가치가 빛나는 것이다. 우리가 남에게 주는 물질적 정신적 도움도 중요하지만, 내 몸의 일부를 남에게 대가 없이 주는 헌혈이 그만큼 고귀한 것이다.

대한적십자사 혈액관리부에 따르면 우리나라는 평균 8

일분의 혈액을 보유하고 있다니 피가 거의 바닥을 드러 낸 것이라고 할 수 있다. 그만큼 내 몸의 일부를 나누는 것에는 우리가 인색하다는 것이라 할 수 있다.

경북경찰은 헌혈을 통한 '사랑 이어가기' 프로젝트를 시행하고 있다. 금년 들어 1천여 명이 헌혈에 동참했으며 앞으로도 계속할 것이다. 경찰은 국민의 생명과 신체 재 산을 보호하는 것이 본연의 임무이지만 우리는 여기서 한 걸음 더 나아가 바람 앞에 촛불처럼 꺼져가는 생명의 끈을 붙잡는 아름다운 피 나눔에 앞장서고 있다. 그리고 앞으로도 계속될 것이다.

사람의 몸속에는 피가 잘 흐르고 그 양이 일정하여야 건강하다. 이처럼 우리는 헌혈을 통해 체득한 고귀한 정 신으로 경북 땅 곳곳에 혈류가 잘 흐르고 행복이 가득 담 길 수 있도록 하는데 주저하지 않을 것이다. 그리고 전염 성이 강한 바이러스처럼 전이되기를 간절히 희망한다. 교인이 아무런 조건 없이 교회에 십일조를 하고, 불자가 불사를 위한 시주에 주저하지 않는다. 그리고 거기에서 행복을 얻는다. 우리 경북경찰도 헌혈을 통해 스스로 만족해 하고 있다. 또한 우리가 추구하는 명품치안에 목표가 있다. 이는 기본 임무는 물론이고 국민이 행복해 할 때까지 노력하는 3차원의 또 다른 위민관을 만들어 가는 것이다.